Femmes artistes marocaines contemporaines

Nouveaux entretiens

Lahsen Bougdal

Femmes artistes marocaines contemporaines

Nouveaux entretiens

Préface de Rita El Khayat

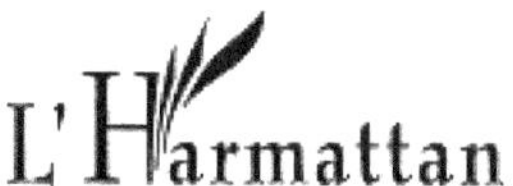

Du même auteur

Au Bourg des âmes perdues, recueil de nouvelles, société des écrivains, Paris, 2005.

La petite bonne de Casablanca, roman, l'Harmattan, Paris, 2010.

Voix et Plumes du Maghreb, essai, l'Harmattan, 2010.

Salves, poésie, Aracne éditrice, Rome, 2015.

La peinture des femmes marocaines, entretiens, l'Harmattan, Paris, 2015.

Quand Mariam pleure, poésie, l'Harmattan, Paris, 2016.

5-7, rue de l'Ecole-Polytechnique, 75005 Paris

http://www.editions-harmattan.fr

ISBN : 978-2-343- 13780-3
EAN : 9782343137803

« Tout pourra arriver quand être une femme
ne voudra plus dire : exercer une fonction protégée. »

Virginia Woolf

Dédicace

À la mémoire de mon père, cet homme libre d'esprit qui a mené sa vie à sa guise loin des clichés.

Préface

Le livre de Lahsen Bougdal, à part ses qualités intrinsèques, se devait d'exister : voilà un homme qui écrit sur des femmes peintres, qui plus est un marocain sur des artistes marocaines… ! Il a ainsi mis une dédicace sans ambages comme incipit de son premier livre sur les femmes artistes peintres :
« A toutes les femmes dont la voix est encore étouffée par le babillage phallocentrique »

L'auteur a compris que le monde à venir est masculin-féminin, il ne peut plus être que patriarcal, phallocratique et agnatique, et en ce sens, c'est un précurseur dans la sphère arabo-islamique…
Le monde et le Maghreb ont changé. En effet, il y a maintenant à peine cinquante ans, être une femme artiste dans la société marocaine était une vilénie. Les jeunes filles et les femmes comme il faut ne pouvaient en aucune manière s'engager dans l'Art.

Les choses ont donc bien changé. Et le plus intéressant est qu'un intellectuel se penche sur des productions féminines suffisamment nombreuses et importantes pour attirer l'attention.

Cette démarche accompagne l'évolution de la condition féminine au Maroc. En effet, bien des choses ont évolué pour elles : depuis 1956, date de l'Indépendance du Maroc, des progrès remarquables ont été apportés au statut personnel et aux conditions de vie des femmes… Cette évolution favorable a été conjointe à des changements profonds et elle fut accompagnée dans pratiquement tous les domaines de la vie politique, économique et sociale du pays, concernant particulièrement la population féminine, dont l'avancement est perceptible et sensible, sauf à redouter des influences étrangères moyen-orientales qui désirent les ramener « à la maison ».

En effet, les filles ont été scolarisées massivement puis elles ont rejoint en masse l'enseignement secondaire et universitaire.
Les femmes ont alors eu accès à tous les métiers, dans une progression constante et perceptible, devenant institutrices, infirmières, employées des différents secteurs de l'activité puis elles sont devenues médecins,

ingénieurs, avocates, pharmaciennes, tandis que les pionnières entraient dans le monde jusqu'alors réprouvé de l'Art, avec les premières chanteuses, actrices, peintres, comédiennes, etc.

Petit à petit, le domaine féminin de l'Art s'est ouvert et s'est étendu, puis il a réellement prospéré. Il a investi de nombreuses disciplines comme l'architecture, le théâtre, le cinéma, la poésie, la littérature, les arts plastiques, la musique et le chant, etc.

C'est ainsi que la comédienne Touria Jabrane a occupé le poste de Ministre de la Culture de 2007 à 2009, ce qui a définitivement assis l'importance de la femme artiste dans la marche politique du Maroc et dans les décisions concernant le domaine très important de la vie culturelle.

Les artistes peintres, sculpteurs et plasticiennes, auxquelles s'est intéressées Lahsen Bougdal jouissent d'un grand renom et la plupart d'entre elles ont exposé tant au Maroc qu'à l'étranger.

Leur art est multiple et chatoyant, chacune ayant un style très personnel, avec, parfois, un côté très audacieux, voire avant-gardiste.

Quand j'ai eu à écrire cette préface, j'ai eu le plaisir non seulement de revenir à mes réflexions sur la femme artiste, en général, et partout dans le monde, sur celles du monde arabe et islamique, mais j'ai énormément apprécié qu'un homme analyse les œuvres de femmes comme ayant une existence et une importance réelles, voire de premier plan. En effet, les hommes artistes, eux-mêmes, ne sont pas toujours très enclins à reconnaître le travail de leurs collègues féminines, le trouvant souvent mièvre ou naïf, sans force et peu créatif...

Le fait qu'une vue masculine sur des créations féminines existe nous souligne bien l'avancée de la parité homme femme dans le pays et l'entrée définitive des artistes femmes dans le cénacle qui leur avait été fermé jusqu'il n'y a pas si longtemps.

Lahsen Bougdal a fait un travail très sérieux, bien documenté, faisant parler les artistes et leur prêtant le rôle qu'elles ont arraché, celui de créatrices à part entière. Il souligne avec elles toutes que le Maroc a beaucoup progressé et que l'audace des femmes marocaines est pour beaucoup dans ce courant irréversible qui porte le pays en avant !

L'Art, on doit s'en souvenir, était relié à des catégories sociales très méprisées et ne se concevait que comme une déviation sociale, entraînant les artistes à la marge de la société et les ramenant à des rôles de bouffons, pour les comédiens, d'hommes invertis pour les chanteurs et les musiciens, tandis que les femmes artistes étaient assimilées à des femmes de mauvaise vie ; tout ceci fait bel et bien partie du passé. Et les femmes peintres marocaines sont, aujourd'hui, magnifiquement décrites, présentées et célébrées dans cet ouvrage de Lahsen Bougdal. On ne peut que l'en remercier.

Rita El Khayat,

Médecin psychiatre, psychanalyste et femmes de lettres

Introduction

Aujourd'hui le champ artistique marocain ne cesse de s'élargir et de se transformer. Ce livre s'inscrit dans le prolongement d'un précédent ouvrage consacré à *la peinture des femmes marocaines*[1]. Nous continuons donc à présenter ici d'autres artistes contemporaines qui ont réussi à s'imposer depuis quelques années. Les choix qui sont faits se justifient d'un côté par la qualité des œuvres de ces dernières et d'un autre côté par la reconnaissance du public et des institutions dont elles ont bénéficiée aussi bien sur un plan national qu'international. Ce travail demeure, malgré tout incomplet tant le nombre d'artistes femmes qui exposent actuellement est considérable. Précisons que notre objectif n'est pas d'établir un catalogue exhaustif, mais d'ouvrir un chantier de recherche où tous les critiques et historiens de l'Art ont leur place et leur rôle à jouer. Tout reste donc à faire dans ce domaine afin de mettre en lumière la diversité et la singularité de ces créations.

Ainsi, la restitution de la parole vive des artistes se prononçant sur leur pratique, ouvre ici des perspectives d'analyses et de réflexions à reprendre ailleurs afin de continuer à enrichir notre histoire artistique composée de chevauchements et de différences. Cette construction commune doit prendre en compte la pluralité des paradigmes à travers lesquelles s'expriment ces artistes qui nous permettent d'entrer dans un univers où la mise en scène des installations, des performances, de la photographie, de la vidéo, de la sculpture et du design…déborde le cadre conventionnel de la peinture. Comme nous le verrons, ces artistes passent de l'un à l'autre ou les explorent simultanément en fonction de leur ressentis et de leurs besoins. Ainsi, ces nouvelles tendances manifestent une réelle volonté non pas de rupture, mais d'élargissement pour investir d'autres modes d'expression. Les deux concepts de modernité et de contemporanéité sont désormais abordés moins dans une relation antinomique que dans leur interférence. Dans ce foisonnement de regards, différentes questions sont abordées. Le corps et les clichés qui entourent l'image de la femme, la misère de l'homme

---

[1] Bougdal Lahsen, La peinture des femmes marocaines, L'Harmattan, Paris, 2015

et sa place dans le monde, le désordre urbain et les ravages de la mondialisation, la pollution et les bouleversements climatiques, les questions des libertés et des droits…etc. L'art contemporain marocain devient ainsi le creuset de tous les possibles ; le réceptacle où se renouvelle l'expérience esthétique sous toutes ses formes.

Parmi les grandes figures représentatives de ce mouvement, Najia Mehadji dont l'esthétique est traversée par une volonté d'expérimentation des techniques modernes nouvelles dans une approche transculturelle contemporaine. Cette figure de proue de la peinture marocaine qui a fréquenté les grandes figures du féminisme en France, a commencé à exposer ses premiers dessins depuis les années 70. Son travail se ressource dans différentes formes dialogiques comme l'esthétique Zen japonaise et les rituels soufis. Ces influences lui permettent de développer un langage plastique très poétique en travaillant sur des questions essentielles comme le caractère éphémère de la vie, le temps qui passe et la lumière. Ces créations se donnent à voir comme une invitation à reconsidérer les rapports de l'humain au cosmos. De son côté, Fatima Mazmouz installe le regardeur au cœur des questionnements identitaires et des clichés qui entourent le corps de la femme. Sa réflexion puise ses sujets de prédilection dans les réalités politiques et socio-culturelles du Maroc. Cette photographe-plasticienne, n'hésite pas à faire de son propre corps un médium permettant d'ouvrir la réflexion sur le corps de la femme et sa place dans une société conservatrice. Par l'arme de l'ironie, ses conceptions interpellent et cherchent à susciter une prise de conscience. Cette même ironie mêlée de provocation et de dénonciation est le fondement des réalisations de Monia Abdelali. Les questions de religion, de politique et de sexualité sont déterminantes dans son approche. L'artiste s'inspire du monde de la bande dessinée avec des créations teintées de burlesque afin de tourner en dérision les injustices de notre société. À son tour, le design s'impose comme moyen d'investigation esthétique de la matérialité de la vie quotidienne. À ce titre, les réalisations de Khadija Kabbaj témoignent d'un désir de rétablissement d'une nouvelle relation avec son espace-temps. L'artiste manifeste un grand intérêt pour l'artisanat marocain en réinterrogeant les symboles et les signes qui le composent dans un souci de modernisation. Son approche se caractérise par cette prédilection pour la culture marocaine qu'elle aborde dans un esprit d'ouverture à l'universel. Cette préoccupation est également présente chez l'artiste Ahlem Lemseffer qui développe sa conception plastique dans un souci d'éveil des consciences. Son approche pose la question du rapport de la peinture en particulier et de l'art en général, à la culture. Après une période pittoresque et néo-impressionniste, sa palette trouve son éclat dans l'abstrait. En quête de lumière et d'authenticité, son geste s'épure de plus en plus. C'est sans doute ce qui qualifie aussi les compositions de Mounat Charrat. Sa réflexion sur le noir et le blanc révèle le souci de mise à l'écart de la contiguïté des sentiments pour laisser place à la lumière, aux formes et aux traits de caractère de l'homme dans l'œuvre, selon ses propres dires. Ses objets sont en mouvement. Ils rentrent dans des connexions qui font émerger le doute récusant tout sens univoque. Aussi, ce rejet d'une vérité toute faite, se développe-t-il chez Farah Chaoui sous une autre forme. Celle-ci nous convie à une promenade poétique dans un univers où les personnages fictifs hauts en couleurs développent une vision optimiste de la vie. Dès ses débuts, l'artiste est engagée dans un processus de création où le dessin comme moyen d'expression simple et primitif, devient une nécessité. Ses toiles plutôt réalistes, manifestent un désir à la fois d'accomplissement personnel et de compréhension du monde. Un désir d'humanité, présent aussi dans la peinture narrative de Khadija El Fahli qui s'inscrit dans une approche instinctive maîtrisée. Son travail se caractérise sur un plan formel par la présence d'une multitude de fenêtres qui cachent les mystères et les scènes de la vie. Des messages d'amour et d'ouverture à l'autre sont chaque fois distillés dans la trame de ses toiles par le truchement de l'exploitation de la charge symbolique des matériaux du patrimoine séculaire marocain convoqués dans une optique moderne. Les créations de Wafaa Mezouar sont elles aussi en prise avec le patrimoine visuel marocain. L'artiste intègre dans son art la richesse et la diversité des paysages marocains avec leurs détails architecturaux, la force des signes et des symboles du tapis ou de l'artisanat traditionnel. Cependant, sa démarche rejette toute interprétation réductrice. Son regard se ressource certes dans cet univers sans s'y réduire, car l'essentiel pour elle est dans une perception sensible de la vie.

Ces tentatives d'être au monde habitent également le regard de l'artiste Amina Rezki. Ses portraits sondent les différentes facettes de l'être humain dans une grande intensité émotionnelle. Bref, une peinture habitée par la mémoire des lieux et l'usure du temps qui imprègnent l'espace de la toile de ses silhouettes aux contours flous surgissant de nulle part. La solitude et la fragilité de l'être humain s'imposent ici dans toute leur gravité dans un style épuré sans fioriture aucune.

De ce fait, le corps apparaît comme un des traits saillants de cette peinture contemporaine. Il est présent de la même manière dans les œuvres de Khadija Tnana qui plonge par ses sujets son public dans le tragique des accointances humaines. Sa peinture est habitée par la complexité des relations hommes/femmes dont elle essaie de révéler les nœuds. Le corps devient le lieu où se manifeste cette dualité. La peinture de Laila Iraki révèle ses émotions dans un monde oppressant où les contraintes de tous ordres pèsent notamment sur le corps de la femme. Acte libérateur, la peinture devient de ce fait une échappatoire pour dénoncer les jougs qui grèvent l'épanouissement des femmes. Leïla Lotfi essaie à son tour, dans une palette intensément colorée de mettre en exergue les différents manifestations des visages féminins. Des personnages complexes animés par une force vitale qu'elle déploie dans l'espace de ses toiles avec beaucoup de malice et de tendresse. Chez Mounya Ammor, les portraits ne s'attardent pas sur le détail du corps. Ils traduisent la volonté de capter le mouvement et les expressions. Quant à Saida Sakali, ses silhouettes qui envahissent l'espace de la toile, sont le fruit d'une imagination spontanée. Sa peinture puise sa source dans ses intuitions, ses impulsions et son instinct.

Outre cette image d'un monde impérieux où le corps est à la fois objet de représentation, support de l'œuvre ou le lieu de l'expérience de l'espace-temps, d'autres artistes cherchent une réponse à leur questionnement dans la nature. Cette préoccupation se révèle à titre d'exemple dans la peinture de Fatima El Hajjaji à travers des compositions qui allient harmonieusement ombre et lumière. Une démarche artistique poétique où le réel est souvent confiné au second plan au profit d'une vision irréelle où le rêve d'une vie paisible finit par s'imposer au regard. Les scènes de la vie et de la nature sont également au cœur du travail de Houbaba Iraqui fascinée par la peinture figurative des orientalistes avant de basculer dans un abstrait lyrique dans lequel elle continue à manipuler le jeu des luminosités et des ombres. Cet hommage à la nature est fortement présent chez Nouzha Lityeme qui a choisi de scruter les potentialités de la feuille de fer. Une approche qui manifeste une force intérieure qui cherche à se libérer du poids d'un quotidien trop contraignant. La nature est pour elle dotée d'une multitude d'émotions similaires à celles des êtres humains. L'artiste travaille beaucoup sur des objets de récupération qu'elle détourne de leur fonction première pour leur redonner une seconde vie. C'est cette « vérité intérieure » selon la belle expression de Kandinsky qui caractérise aussi la peinture de Maria Kermadi. Très à l'écoute du bruissement du monde, cette artiste passe du figuratif au cubisme pour enfin se libérer entièrement dans une peinture plutôt abstraite, avec une palette chaude qui rappelle les villes de son enfance au Maroc. La technique académique est toujours présente dans ses créations nourrie par des émotions explosives. La qualité de son geste révèle une vibration intérieure indissociable de ce « dehors du dedans » qui la soutient.

A travers ce tour d'horizon, il apparaît clairement que les œuvres contemporaines des artistes femmes marocaines sont animées par une volonté de détachement des règles. Cette remise en question des limites des canons académiques, leur permet tantôt de passer d'une forme à une autre, tantôt d'en explorer plusieurs en même temps. Ce regard libre introduit une certaine distance vis-à-vis de l'espace- temps et de l'environnement socio-culturel et politique. Ce décrochage passe par l'interrogation du corps, l'ironie, le travail de réappropriation des différents matériaux et par la fugacité et le renouvellement des installations et des performances qui exigent une nouvelle perception.

Cependant, la mise en avant de ces caractéristiques ne doit pas justifier l'idée d'une certaine particularité naturalisée des créations des femmes. Les artistes qui participent à cet ouvrage révèlent, par la valeur de leurs œuvres, la place importante qu'elles occupent aujourd'hui dans l'histoire de l'art marocain. Il est donc urgent de tenir compte de cette réalité et de jeter les bases d'une nouvelle donne artistique éclairée au Maroc. Cette prise de conscience permettra incontestablement d'impulser un démantèlement du *« pouvoir hypnotique de la domination »* selon la belle expression de Virginia Woolf.

Abdelali Monia

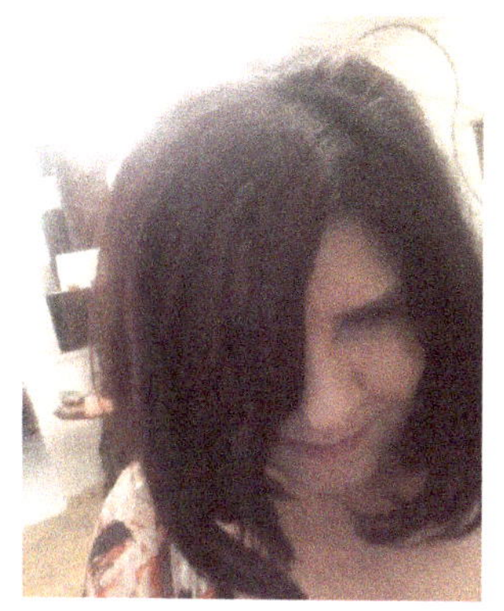

Si l'art est selon le propos d'André Malraux, *« le plus court chemin de l'homme à l'homme »*, les créations de Monia Abdelali sont hantées par une sempiternelle brûlure émanant de ses profondeurs à la quête de cette part de lumière que peut receler encore la nature humaine. C'est donc naturellement qu'elle s'inscrit dans le sillage du mouvement IG (indépendance Group) auquel elle emprunte le désir de créer un art qui redéploie un nouveau regard sur notre société de consommation. Cette influence lui a permis de se débarrasser, dit-elle, du carcan du classicisme. A l'instar des leaders du Pop Art, elle est inspirée par la BD dont elle utilise la forme narrative. Elle leur emprunte leur façon de s'approprier les médias, la publicité, les informations, le superficiel, la rue, leurs folies, et leurs insolences. L'éloge de la dissemblance et l'usage de l'ironie confèrent à ses créations une dimension poétique leur permettant de se distancier des convenances oppressantes d'une société patriarcale. C'est pour échapper à ce déterminisme collectif que l'artiste tente inlassablement de s'inscrire dans une vision intemporelle et optimiste. Cette quête d'un idéal harmonieux et sans violence est également celui d'une femme artiste libre qui récuse l'idée d'un *« art féminin identitaire »*. C'est la raison pour laquelle ses créations intègrent des ressources appartenant à l'univers privé féminin. De cette sorte, l'identité sexuelle et sociale plus que la forme vient en révéler les lectures possibles.

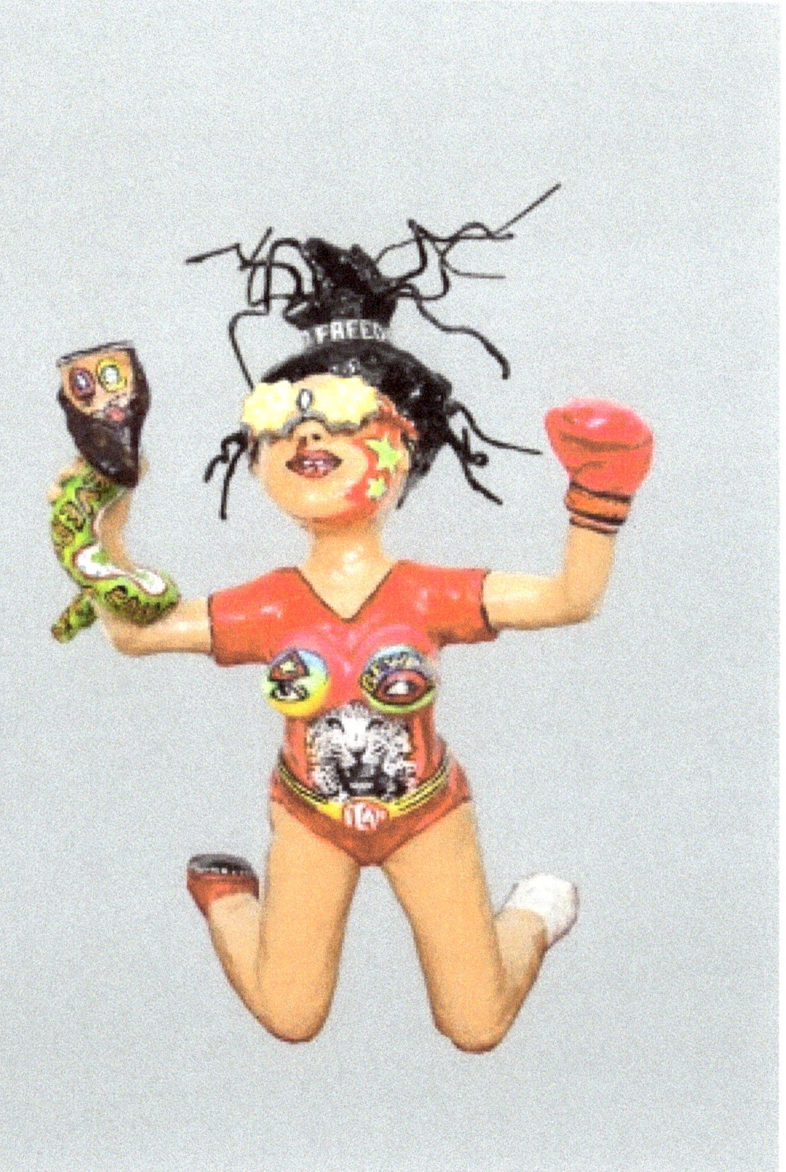

BL : Pour commencer notre échange, j'aimerais revenir avec vous sur votre enfance et votre parcours scolaire. Qui est Monia Abdelali ?

AM : Parler de sa vie n'est jamais une chose facile. On a peur d'être prétentieux. Par conséquent, on ne trouve pas ses mots. Le « moi » recouvre un grand territoire de sens. Barycentre de l'artiste, il est pour moi un objet conceptuel un peu étrange. J'essaye d'y réfléchir en tant qu'objet qui tient davantage de la création littéraire que d'un travail scientifique.

Très tôt, j'ai voulu savoir ce qu'étaient les lettres. Les livres étaient partout autour de moi et l'écriture tapissait mes horizons. Dans ces circonstances, même très jeune, on comprend que plus les mots sont nombreux, plus ils sont précieux. Ainsi, on déchiffre vite et mieux notre conscience et celle des autres.

Je suis née en 1964 et j'ai vécu à Agadir. Aujourd'hui, j'y ai mon atelier et j'y suis souvent. Mon enfance et ma jeunesse s'y sont tranquillement déroulées. Il y avait douceur, luminosité, liberté, respect, plage, fêtes, forêt d'eucalyptus, bandes de copains, ouverture d'esprit, la discrète fantaisie de ma mère, le monde érudit et pince sans rire de mon père et ma petite école où tout le monde avait le droit à son originalité. Les seuls garde-fous dont je me souviens, c'était un islam prôné par des théologiens mystiques loin de tout prosélytisme, dans l'amour de l'humanité.

Aussi, trois choses me rendent forte dans ce monde devenu obscurantiste et plein de rejet : le fait que mon père croie en l'amitié et l'égalité entre l'homme et la femme, que ma mère soit beaucoup plus progressiste que moi (pourtant elle est issue d'une famille bourgeoise et très traditionaliste de Salé) et que très jeune (comme je fréquentais une école française), on m'ait appris que c'est notre façon de percevoir les couleurs de l'arc en ciel, qui nous donne l'éventail des signes de notre langage. L'africain en a quatre, l'occidental en a sept et l'arabe en a douze. Les variations, les nuances et les relativités en dépendent.

J'ai fait mon lycée à Rabat. J'ai découvert ses clubs de théâtre, de journalisme et la diversité de ses intellectuels. Ce fut une autre ouverture sur le monde et surtout mes racines. J'ai suivi également une formation à l'Atelier de Clèves à Toulouse et à Tampa City en peinture et Clearwater en sculpture en Floride. Une fois revenue à Agadir, je me suis enfermée de plus en plus pour écrire mes histoires. Un jour un de mes cousins a découvert mes planches et prit l'initiative de les montrer à un galeriste qui décida de m'organiser une exposition. Ce fut le point de départ. Après quelques expositions, je me suis retrouvée à l'année du Maroc à Paris où j'ai rencontré celui qui allait devenir mon agent pendant 12 ans, Dominique Poitier RIP.

BL : Comment s'est fait le choix des arts plastiques? Pouvez-vous nous expliquer votre cheminement et les différentes étapes de votre parcours artistique ?

AM : Le mouvement IG (indépendance Group), les pères du pop art, fut un tournant radical dans ma manière d'envisager l'art. Il m'a débarrassé du carcan du classicisme et a libéré mon écriture. Je suis clairement inspirée par la BD dont j'utilise souvent la forme narrative à l'instar des leaders du Pop Art. Je leur emprunte parfois leurs façons de s'approprier les médias, la publicité, les informations, le superficiel, la rue, leurs folies, leurs insolences et le sexy bon teint. Leurs œuvres restent pour moi, le meilleur témoignage de notre époque.

Je préfère Kais et Leila à Tristan et Iseult, Brassens à Brel, Diogène à Platon. J'aime les vers de Corneille, la chanson de Roland, Homère. Je préfère Bossuet, Hugo et Beaumarchais à Musset ou Balzac. J'aime Camille Claudel, Modigliani, la folie de Chagall, la littérature et la poésie soufie, le jazz, les années 80, etc. Les voix bizarres aux belles voix, le romantisme allemand, la renaissance espagnole, l'art des caraïbes et surtout Takashi Murakami, le Pat Pop japonais, Maalouf, Saint Antonio, la BD. La mer est mon milieu naturel et le délire est mon middle Name.

BL : Quand vous commencez un travail, comment procédez-vous ? Est-ce qu'une idée précède le premier geste, une émotion particulière, une ambiance ? Y a-t-il un temps de gestation avant le travail en atelier ?

AM : Je commence toujours une production quand mon monde est déstructuré ; quand il me devient indéchiffrable ou quand ses données me sont insupportables. Il faut qu'il me reste un minimum d'enthousiasme pour commencer ce processus d'enfermement qui me mettra à fleur de peau et hors du temps. C'est au départ un travail cérébral jalonné d'incidents. Souvent quand je finis une œuvre, une partie de moi se suicide et une autre voit le jour. C'est pour cela que je ne fais jamais de série. A chaque production je me définis. Il n'y a pas longtemps, je l'ai fait et comme je suis toujours dans cette période, j'en re-pompe une partie.

BL : Qu'il soit creuset d'une histoire culturelle, objet de tensions politiques et sociales, corps de l'artiste scénarisé lui-même ou médium entre soi et l'autre, le corps renvoie aussi à l'éternelle place de l'homme dans le monde. Vos créations explorent ce paradigme par le détournement des signes pour des causes qui vous tiennent à cœur comme la condition de la femme, la pauvreté et les injustices sociales et économiques…. Pourriez-vous nous préciser davantage votre approche ?

AM : Je suis le centre du monde, l'univers entier veut refaire mon éducation, devenir l'arbitre de mon être, de mon paraitre. Je suis femme marocaine, musulmane, amazighe, tiers-mondiste, libre et consciente. C'est le défi le plus extraordinaire qui n'ait jamais été donné à l'Homme. Il est supérieur à celui de la conquête de l'espace. Je fais partie de ces millions d'héroïnes anonymes qui réussissent quotidiennement le pari incroyable d'appréhender l'avenir, tout en passant simultanément, alternativement, continuellement du scolastique au commentaire, de la responsabilité à la soumission sauveuse de mise. Nonobstant ce déterminisme collectif, j'aimerais être toujours dans une vision intemporelle, joyeuse et optimiste qui mènerait mes actes vers un idéal où l'ensemble serait une harmonie faite d'individus indépendants. Cependant, comment aller vers l'avenir sans faire de dégâts ?

La plus belle aventure de l'Homme c'est l'Homme ! C'est un voyage dont on ne revient jamais. À le voir agir, faire, défaire, être, trouver, s'agiter, tout à notre étonnement, on est subjugués. J'entreprends alors une recherche sur moi-même. L'intention derrière ma production est toujours la même : l'Homme.

Et Pourquoi ? Pourquoi l'harmonie n'est-elle pas plus fédératrice ? Pourquoi l'instinct grégaire est-il si tenace ? Pourquoi notre primitif est-il si destructeur ? Ma sensibilité devient une funambule, mais celle-ci cherche à relier les deux bouts du fil pour y dénicher un absolu universel.

BL : Les œuvres contemporaines des artistes femmes marocaines sont nourries d'une volonté de détachement des règles. Cette remise en question des limites des canons académiques, leur permet tantôt de passer d'une forme à une autre, tantôt d'en explorer plusieurs en même temps. Ce regard libre introduit une certaine distance vis-à-vis de l'espace-temps et de l'environnement socio-culturel et politique. Ce décrochage passe par l'interrogation du corps, par l'ironie, par le travail de réappropriation des différents matériaux qui exigent une nouvelle perception. Votre approche burlesque s'inscrit-elle dans cette dynamique et comment se traduit-elle sur un plan technique?

AM : Le premier coup de gueule éclate en 1985 à New York. Le groupe d'artistes féministes, Guérilla girls se réveille et dénonce avec des moyens artistiques la présence quasi inexistante des femmes dans le monde contemporain. Pendant très longtemps j'ai pensé à Camille Claudel, ressenti ce qu'elle a ressenti, non pour son génie incontestable et qui lui est propre, mais pour l'environnement machiste insidieux et décomplexé dans lequel elle créait. J'ai la conviction que les œuvres de Rodin viennent de son imagination à elle seule. Je pense que si Camille n'avait pas été internée, son nom serait oublié. C'est le plus grand paradoxe de l'histoire de l'art. Nous les femmes, nos créations artistiques sont souvent qualifiées « d'art identitaire » dans la mesure où elles seraient une sorte de processus, voire de pratique artistique à la quête d'une affirmation et d'une reconnaissance de soi. En est-il autrement pour les hommes ?

L'apport spécifique des femmes artistes à l'histoire de l'art revêt toute son importance au Maroc et plus spécifiquement à la période post-moudawana. Ce mouvement de la libération des femmes en général et en art en particulier, s'inscrit dans le sillage de la dynamique amorcée depuis longtemps en Europe et notamment dans le monde anglo-saxon.

BL : La création féminine a connu depuis les années 90 un réel essor dans tous les domaines et particulièrement dans les Arts. Comment expliquez-vous cet engouement ? Est-ce que vous y voyez par exemple un changement de regard à l'égard des femmes, une libération et une prise en mains de leur propre destin ?

AM : Si dans les années 90 de nombreuses œuvres des femmes artistes s'inscrivent dans ce mouvement revendicatif féministe, elles n'appartiennent pas pour autant à un style artistique commun. En tant qu'artistes, nous essayons de créer tout simplement dans un monde patriarcal. Dans cette perspective, des femmes artistes comme moi, avons intégré dans nos créations des ressources appartenant à nos univers privés, voire à nos intimités. De cette sorte, l'identité sexuelle et sociale plus que la forme vient en révéler les lectures possibles.

BL : Une œuvre d'art a toujours besoin d'un regardeur comme « complément de création » pour exister. Quelles attentes avez-vous de votre public et de sa réaction face à vos créations ?

AM : La lecture de mes œuvres est très courante, mais m'étonne chaque fois. Les mots imagination et provocation sont ceux que j'entends souvent. Le regard des autres nous est essentiel. Ce qui arrive toujours à me surprendre, c'est le degré d'énervement que mon art arrive à susciter chez les machistes et les sexistes.

BL : Comment voyez-vous l'avenir de la création artistique au Maroc et particulièrement la participation de la femme à l'histoire de cet Art ?

AM : Dans le futur, si l'art arrive à imposer sa vérité dans plus de créativité, nous verrons des femmes artistes briller et prendre le dessus sur celles qui restent frileuses et suivistes. Nous sortirons définitivement des malentendus. Pour l'instant, si l'histoire de l'art en général laisse peu de place aux femmes artistes, l'art contemporain ne fait guère mieux. Au Maroc l'histoire de l'art est très récente et ne dépasse pas une soixantaine d'années. Tout reste donc à faire pour qu'un véritable bouleversement de l'art au féminin advienne.

Ammor Mounya

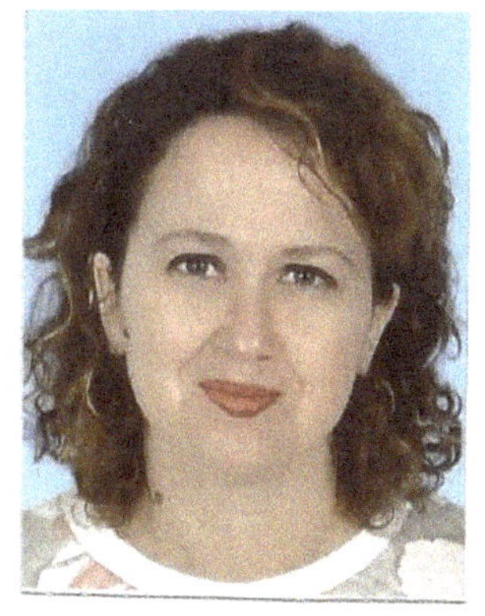

Mounya Ammor fait partie de ces jeunes artistes marocaines autodidactes arrivées dans la peinture, non pas de façon accidentelle, mais parce que l'art est pour elle un regard, une sensibilité et une façon d'être dans le monde. C'est donc enfant qu'elle a manifesté son attrait pour le dessin. Une passion qui ne l'a plus jamais quittée. Après une carrière bien remplie dans le milieu de la finance, elle revient à ce qui a toujours été pour elle sa raison d'être. Depuis, elle n'a plus cessé de multiplier les réalisations, réfléchir à sa pratique et expérimenter continuellement ses différentes techniques. Rétive à toute idée d'enfermement dans une école particulière, elle obéit à ses sentiments qui la guident dans ses compositions où elle favorise les expressions et les mouvements servis par une palette joyeuse qui reflète sa philosophie optimiste de la vie. Quand elle concède enfin à peindre des portraits, c'est pour en révéler les traits plus que la dimension référentielle. Si la femme est au cœur de sa peinture, celle-ci ne se réduit pas à cette unique préoccupation. L'artiste aime en effet arpenter d'autres territoires en explorant toute l'étendue de son imagination qui la conduit jusqu'aux confins de l'abstrait. L'espace de la toile, lieu où les matériaux récupérés et détournés de leur fonction première, retrouvent subitement une seconde vie, est structuré de telle sorte que l'inachèvement s'y développe de façon revendiquée afin de révéler une pratique en train de se faire. Une expérience somme toute en devenir.

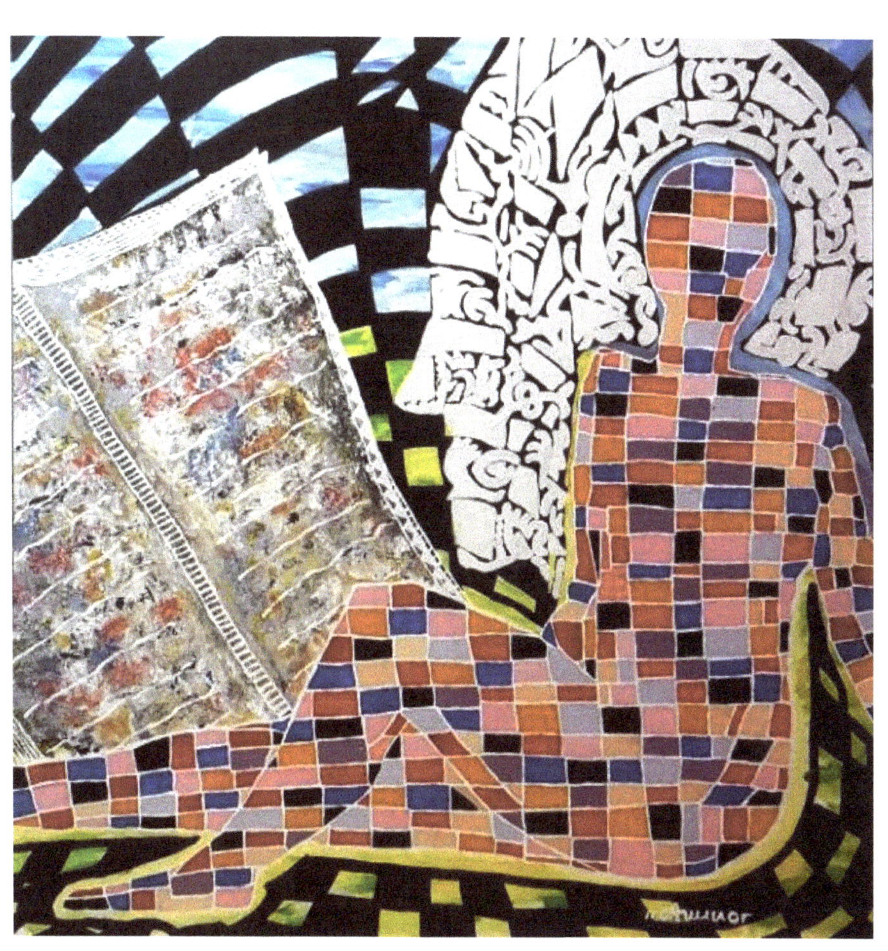

BL : Pour commencer notre échange, j'aimerais revenir avec vous sur votre enfance et votre parcours scolaire. Qui est Mounya Ammor ?

AM : Je suis née en janvier 1972 à Casablanca. J'y ai effectué mon parcours scolaire à la mission française. J'ai eu mon baccalauréat en 1990 au Lycée Lyautey I (BAC D, équivalent du Bac S option SVT aujourd'hui). Par la suite, je me suis orientée vers la Finance en poursuivant ma scolarité à l'ISCAE à Casablanca. J'ai été diplômée en Finances en juin 1994. J'ai ensuite intégré une banque d'affaires de Casablanca (CFG Group), où j'ai poursuivi une carrière de 17 ans dans différents services.

BL : Comment s'est fait le choix des arts plastiques? Qu'est-ce qui a motivé cette orientation ? Quelles sont les principales influences sur votre art et notamment vos premières créations ?

AM : Depuis toute petite j'aimais les arts, qu'il s'agisse de travaux manuels, de musique, de chant, etc. Je ne suis jamais aussi heureuse que quand je suis plongée dans ces univers. Lors de ma scolarité, j'avais toujours d'excellentes notes en art plastique. Chez moi à la maison, on dessinait beaucoup entre sœurs, on faisait beaucoup de travaux manuels (fabrication de poupées, dessins, collages, guirlandes, décoration de murs, tissage, broderie, etc.) C'est une partie de ma vie que je n'oublierai jamais. Plus tard, à l'ISCAE, je suivais les cours en dessinant sur mes cahiers : le dessin me permettait de me concentrer et de retenir plus facilement les enseignements. Les professeurs s'en étonnaient parce qu'ils avaient l'impression que je ne suivais pas, mais ils s'y étaient habitués.

Lors de mes deux dernières années à la banque d'affaires, je me posais beaucoup de questions. J'aimais beaucoup la finance, mais ce côté profond de moi (l'Art) était en train de mourir. Je sentais qu'il fallait faire quelque chose sinon j'allais passer à côté de ma vie. Ça me rongeait réellement ; je ne dormais plus. C'est ainsi que peu à peu, la décision de démarrer ma nouvelle vie s'est imposée à moi. En janvier 2012, je me lançai alors dans ce nouveau challenge.

BL : Est-ce que vous pouvez nous parler de votre cheminement et les différentes étapes de votre parcours artistique ? Qu'est-ce qui caractérise par exemple votre peinture ?

AM : Je suis une autodidacte. Je peins par élans. Enfant, j'aimais beaucoup Monet. Plus tard Picasso, Kandinsky et Klimt sont devenus mes artistes préférés. Je ne peux pas dire que je fais partie d'une tendance ou d'une autre. Vous pouvez trouver chez moi des tableaux très divers, mais ils ont en point commun la lumière, les couleurs, une envie de partager la beauté de la vie avec les autres. J'aime bien aussi quelquefois jouer sur des choses à découvrir en observant longtemps le tableau.

BL : Il semble que l'harmonie des couleurs et leur composition reste une préoccupation fondamentale dans vos créations. Des couleurs vives et joyeuses qui traduisent une certaine vision de la vie. Pouvez-vous nous dire un mot sur les matériaux que vous utilisez et ce choix des couleurs ?

AM : Lorsque je peins, je le fais avec mon âme. La toile m'appelle et je m'assois. Je n'ai pas du tout d'idées sur la ou les couleurs que je vais utiliser : elles s'imposent à moi au fur et à mesure que j'avance. Concernant les matériaux, je travaille souvent à l'acrylique, car c'est une peinture qui sèche vite, mais ce n'est pas exclusif. J'aime recycler des matériaux qu'on voit des fois sur mes toiles. J'utilise aussi du sable, de vieux bijoux, voire des étoffes, etc. J'essaie autant que possible de faire prévaloir la notion de mouvement sur mes toiles, soit par la texture qui crée des volumes, soit par les traits de peinture qui font tourner les choses, ou encore par le biais de la lumière du tableau qui, vu de différents côtés, donne des rendus différents qui font vivre la toile.

BL : Vous êtes une artiste autodidacte dont le travail est souvent qualifié de libre. Certains artistes pensent qu'il faut faire le pas vers une peinture abstraite. Ce cheminement est-il nécessaire, selon vous et pourquoi l'abstrait serait-il un aboutissement ?

AM : Non, pour moi, la peinture abstraite n'est ni un cheminement, ni une fin en soi. Chaque artiste sent et ressent les choses à sa manière. L'obliger à suivre une tendance ou un mouvement ou répondre aux attentes des clients, dénature à mes yeux sa valeur d'artiste, car il ne donne plus ce qu'il a dans son âme. Il se contente de faire plaisir aux autres. L'abstrait, lorsqu' il n'est pas fait avec les tripes et l'âme, et donc avec les émotions, ne dégage qu'un joli visuel adaptable aux salons ou autres univers à décorer. Or la peinture pour moi est censée toucher, capturer celui qui l'achète et dans le temps, il peut même l'interpréter de façons différentes. Lorsqu'un travail, qu'il soit abstrait ou pas, arrive à toucher l'âme du récepteur, on peut parler d'Art.

Ceci étant, il arrive pour certains artistes, notamment ceux qui se tâtonnent, de passer par l'abstrait avant d'arriver plus tard à concrétiser leur intérieur sous des formes plus concrètes. Cependant, cela n'est pas inéluctable puisque chacun a son propre chemin dans ce domaine.

BL : Qu'il soit creuset d'une histoire culturelle, objet de tensions politiques et sociales, le corps occupe une place importante dans les créations des artistes femmes marocaines. Quelle place occupe cette question dans votre peinture ? Pourriez-vous nous préciser votre approche à ce sujet ?

AM : Le corps est effectivement présent dans certaines de mes toiles. Je peins souvent la femme. Contrairement à d'autres artistes, le détail du corps ne m'intéresse pas. Des fois, lorsque je le dessine entier, mon but est de traduire le mouvement, souvent d'ailleurs au travers de la danse, ou des émotions. Quand je ne réalise qu'une partie du corps, par exemple un visage, il m'arrive de ne même pas dessiner les traits. Le but est que celui qui lit la toile fasse une interprétation indépendante des expressions. D'autres fois, j'aime que ce soient les expressions qui interpellent. Cela se fait chez moi au travers du regard, que l'on retrouve d'ailleurs souvent prédominant dans mes toiles.

BL : Quand vous commencez une toile, comment vous procédez ? Est-ce qu'une idée précède le premier coup de pinceau, une émotion particulière, une ambiance ? Y a-t-il un temps de gestation avant le travail en atelier ?

AM : En réalité, il s'agit souvent d'un moment où j'ai un trop plein d'émotions à dégager. La peinture devient libératoire, un moyen pour moi de communiquer avec les autres, de leur parler. Je me pose devant la toile, avec des idées qui s'entrechoquent. Une couleur en particulier m'interpelle, et je démarre sans savoir à quoi je vais aboutir. Je laisse mon âme me guider. Peu à peu la confusion qui règne dans mon esprit se dilue pour laisser place à un sujet précis. Et là je développe.

BL : A quel moment considérez-vous alors que votre tableau est fini ?

AM : Certains tableaux ne se finissent pas. Vous le croyez fini aujourd'hui et le jour suivant vous ne le trouverez pas à la hauteur de ce que vous vouliez. Ce type de tableau est souvent revisité. Parfois on doit vous le retirer pour que vous n'y ajoutiez plus rien. De manière générale, un tableau est fini pour moi quand il me touche émotionnellement et qu'il répond à une harmonie certaine.

BL : Une œuvre d'art a toujours besoin d'un regardeur comme « complément de création » pour exister. Quelles attentes avez-vous de votre public et de sa réaction face à vos créations ?

AM : Pour moi, si un tableau ne touche personne c'est que je n'ai pas réussi à communiquer ce que je voulais. Il est certain qu'un travail ne peut plaire à tout le monde. Il faut donc tenir compte des critiques et toujours avoir en tête le but que l'on cherche à atteindre avec son tableau.

Si le tableau touche une majorité, je n'y touche pas. Si par contre l'extra majorité le trouve indigne d'intérêt, je tiens compte des remarques et je le retravaille tout en laissant mon âme dedans.

BL : La création féminine a connu depuis les années 90 un réel essor dans tous les domaines et particulièrement dans les Arts. Comment expliquez-vous cet engouement ? Est-ce que vous y voyez par exemple un changement de regard à l'égard des femmes, une libération et une prise en mains de leur propre destin ?

AM : D'une certaine façon les femmes étaient autrefois enfermées entre quatre murs. Quand elles étaient artistes dans l'âme, elles exerçaient leurs dons à travers leur cuisine, leur façon de tenir leur intérieur, leur façon de s'habiller quand elles recevaient, leur façon de fabriquer des tapis aux designs divers, l'apprentissage d'un instrument qu'elles jouaient dans leurs intérieurs, etc.

Les années 90 ont marqué l'ouverture du Maroc vers l'étranger (débuts du libre échange). La population rurale diminue. Les femmes se marient moins, elles font moins d'enfants. On assiste à une scolarisation de plus en plus importante de la gent féminine. Même quand elles ne sont pas scolarisées, l'avènement de l'internet (récemment), même dans les campagnes, leur a ouvert les yeux sur ce qu'elles sont capables de faire. Tout ceci a permis aux femmes de s'intéresser davantage à leurs propres aspirations.

Dans le domaine de l'art, des associations essaient de mettre leurs talents au grand jour (tableaux, tapis, créations diverses comme des habits, des babouches, des colliers, etc.) On assiste aussi au niveau des expositions collectives de peintures, à la participation de femmes venant de tous les coins du Maroc. De même, on remarque l'émergence de plus en plus d'écrivaines arabophones et francophones. Elles occupent désormais des places importantes au théâtre, dans les films, dans les séries, etc. Tout ceci témoigne de la volonté de la femme à s'imposer dans les différents domaines qui jusqu'ici étaient réservés exclusivement aux hommes alors qu'ils étaient ouverts à la femme dans les pays évolués. Aussi, le regard des hommes, change de plus en plus vis-à-vis de la femme, bien que très lentement dans notre société.

BL : Beaucoup d'artistes femmes s'engagent de plus en plus dans la société civile en faveur des adultes mais aussi des enfants. S'agit-il pour vous d'une manière de sortir le peintre de son atelier ? Quel serait le rôle du peintre, selon vous, dans la société marocaine d'aujourd'hui en particulier et dans le monde de façon générale?

AM : Non. Le peintre ne cherche pas à sortir de son atelier pour sortir. L'artiste de façon générale, est un être qui voit les choses différemment des autres. Il est excessif dans tout. Il est également dans le don de soi, dans le partage de ce qu'il peut donner. S'engager dans la société civile en faveur des adultes, c'est essayer de détecter les talents et aider ces adultes à découvrir éventuellement autre chose, un monde où ils auront plein de possibilités. Pour les enfants, de la même manière, ça leur permet de découvrir un monde nouveau, des choses qui ne leur sont peut-être pas enseignées dans le domaine public. C'est une façon peut-être de leur faire découvrir leurs dons et de leur montrer une voie qu'ils pourront emprunter plus tard. C'est aussi, pour les adultes comme pour les enfants, un moyen de leur offrir du bonheur, au travers des couleurs et de la gentillesse des artistes.

BL : Que pensez-vous du rôle et de la place des artistes aujourd'hui au Maroc ?

AM : L'artiste n'est pas reconnu à sa juste valeur au Maroc. Au lieu de le considérer comme un être ultra sensible qui cherche à communiquer avec les autres pour leur faire voir des choses qu'ils ne voient peut-être pas, au Maroc on le regarde comme quelqu'un qui est là parce qu'il n'est pas assez intelligent pour faire autre chose, ce qui est ultra faux. Être artiste exige une intelligence émotionnelle hors normes. Cela demande un don de soi en permanence. C'est quelqu'un qui mérite respect et amour, comme le méritent les professeurs qui font un don permanent de leur personne pour former les autres.

BL : Comment voyez-vous l'avenir de la création artistique au Maroc et particulièrement la participation de la femme à l'histoire de cet Art ?

AM : Si l'on tient compte du nombre actuel d'artistes marocains, combien d'entre eux sont connus localement ? Qui les aide à promouvoir leur carrière ?

Les galeries qui sont Censées promouvoir les talents, ne souhaitent, pour la grande majorité, exposer que ceux qui ont fait leurs preuves. Qui peut donc remarquer l'artiste si ce n'est un touriste qui le découvre par hasard sur Facebook ou dans un coin de rue ? S'il a de la chance, il peut lui arriver d'exposer dans des endroits où quelques étrangers le remarqueront.

Au Maroc, il est nécessaire d'enseigner les arts plastiques dès le plus jeune âge jusqu'au baccalauréat artistique. Être artiste n'est pas donné à tout le monde, mais il faut maximiser les chances de réussite des futurs artistes. Le travail doit être reconnu, encouragé fiscalement et encadré par une réglementation claire et précise. Le Ministère de la culture doit avoir des représentants dans toutes les grandes villes pour détecter et encourager les talents. Des conventions doivent être signées par lui à l'international pour aider les talents à se faire connaître à l'étranger. Il doit encourager les expositions des artistes marocains à l'étranger en facilitant toutes les procédures de transfert des œuvres à exposer. C'est ainsi que les artistes marocains pourront se faire connaître et avoir une considération nationale et internationale.

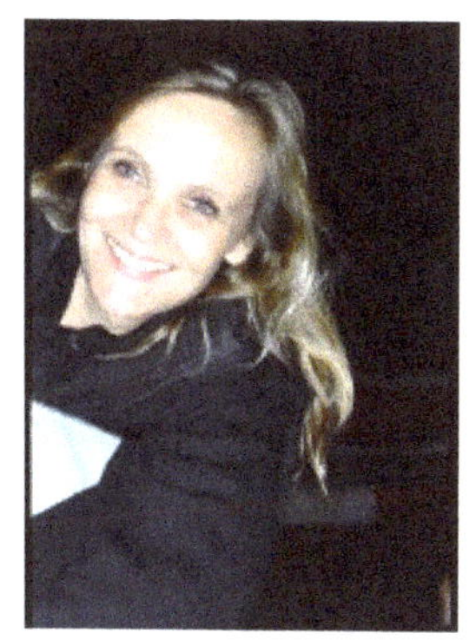

Chaoui Farah

Née d'un père marocain et d'une mère française, Farah Chaoui a démontré très jeune son penchant pour le dessin. Sa mère, passionnée de la peinture a su lui transmettre cette envie d'exprimer son intériorité par la création. Elle a sans doute détecté chez elle cette force qu'on retrouve chez les grands artistes et qui les pousse à rejeter toute idée d'enfermement quelle que soit sa forme. Très talentueuse, elle a pu développer son style très particulier qui s'inspire des arts africains et surtout du grand artiste Basquiat qui l'a beaucoup inspirée. Le travail de Farah Chaoui ne se laisse pas enfermer dans une école ou un style particulier. Sa démarche artistique très particulière, demeure libre et spontanée. Ses toiles se caractérisent par leurs couleurs joyeuses et son attrait pour des personnages fictifs capables de véhiculer des messages spontanés à la fois très ancrés dans l'innocence de l'enfance, mais en même temps terriblement sérieux. Son œuvre, malgré la gravité de son environnement, cherche à transmettre un message optimiste sur la vie et sur les hommes. Un regard farouchement lucide et humain.

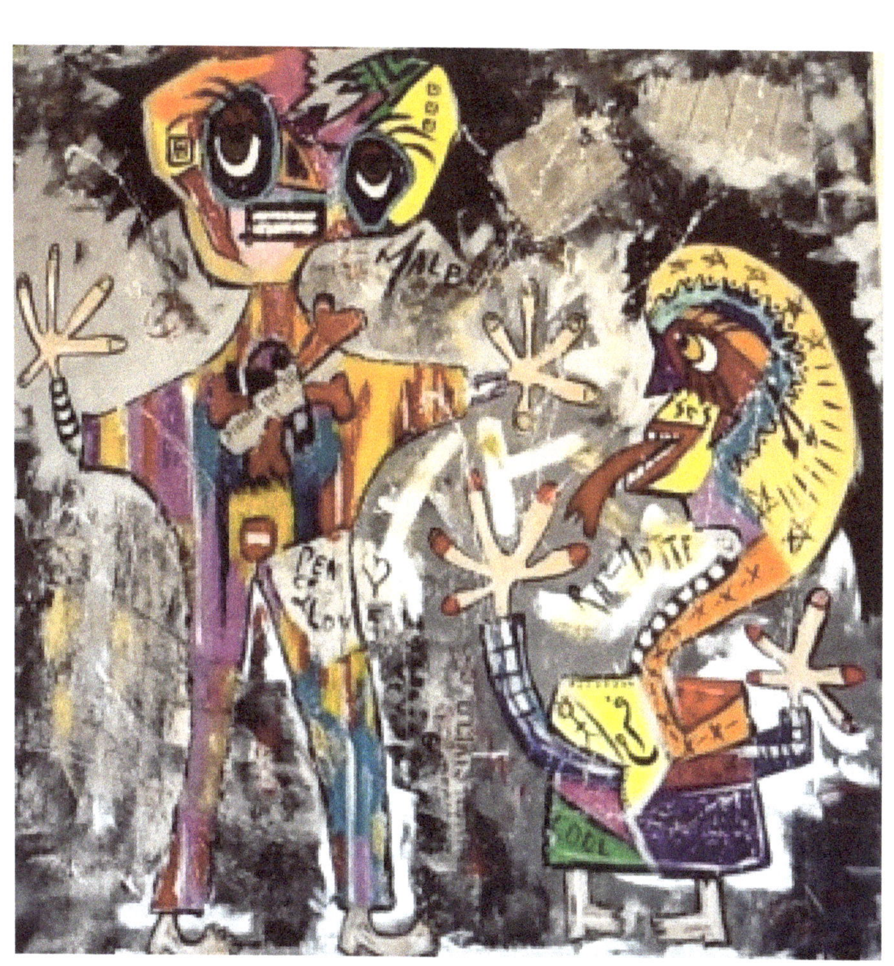

BL : Pour commencer notre échange, j'aimerais revenir avec vous sur votre enfance et votre parcours scolaire. Qui est Farah Chaoui ?

CF : Je suis née en France de père marocain et de mère normande. J'y ai passé mes deux premières années le temps que mes parents terminent leurs études. La famille est donc rentrée après au Maroc où j'ai fait toute ma scolarité. J'ai fréquenté le lycée français Lyautey à Casablanca. Á l'issue de mon baccalauréat, je suis repartie en France où j'ai fréquenté l'académie Charpentier à Paris, avant de bifurquer vers la photo en suivant une formation de deux ans à Toulouse. Quand je suis revenue au Maroc, j'ai commencé à dessiner, mais à cette époque là, je ne montrais pas mon travail. En parallèle, je customisais des objets ce qui m'a permis d'ouvrir un show room à Marrakech qui a très bien marché. Au bout d'un moment, la ville s'est agrandie et le quartier où était situé mon atelier a été rasé. C'est là que j'ai donc repris la peinture chez moi. Ma mère qui aimait la peinture m'a beaucoup encouragé. Un jour, mon grand ami Y. Alaoui est venu me voir et c'est lui qui m'a aidé à monter ma première exposition à la CGEM. C'est ainsi que ma carrière d'artiste a démarré et ne s'est plus jamais arrêtée.

BL : Comment s'est fait le choix des Arts Plastiques ? Qu'est-ce qui a motivé cette orientation ? Quelles sont les principales influences sur votre art et notamment vos premières créations ?

CF : Au début je peignais chez moi selon mon instinct. Je ne fréquentais pas les musées et je ne regardais pas non plus le travail des autres. Quand j'ai trouvé ma technique et que j'étais suffisamment confiante en moi, j'ai commencé à m'intéresser à ce que font les autres. J'ai été particulièrement marquée par le travail de Basquiat qui m'a énormément inspiré. J'ai donc ouvert de plus en plus mon champ d'intérêt sur l'art africain et j'ai amélioré progressivement ma technique afin de trouver mon propre style.

BL : Est-ce que vous pouvez nous parler de votre cheminement et les différentes étapes de votre parcours artistique ?

CF : Il est toujours difficile de parler de soi et de dire ce qui caractérise ma démarche. D'après les dires des uns et des autres, ce qui distingue mes créations, c'est la force du regard des personnages et la couleur. On dit aussi que ma peinture est « instinctuelle et fluctuante ». Mes toiles se caractérisent par leur vivacité et leur spontanéité. Mon travail ne se laisse pas enfermer dans une école particulière. Je passe ainsi de l'art brut, à l'expressif et puis à l'abstrait. En réalité, je suis très libre dans ma façon de travailler. C'est mon intériorité qui me guide.

BL : Quand vous commencez une toile, comment vous procédez ? Est-ce qu'une idée précède le premier coup de pinceau, une émotion particulière, une ambiance ? Y a-t-il un temps de gestation avant le travail en atelier ?

CF : Quand je suis devant une toile, je ne sais jamais ce que je vais faire. Je ferme les yeux et je me laisse aller à cette voix intérieure qui fait ressortir mes ressentis. Les choses se font toutes seules. Je rentre ainsi dans une sorte de transe où je me vide complètement. La réflexion vient après quand je retravaille mes ébauches.

Ceci dit, je reste aussi attentive à ce qui se passe autour de moi, dans mon environnement avec toutes les questions de société qui me préoccupent comme la justice, la situation de la femme, les enfermements de toutes sortes. Ce sont des choses qui m'affectent et qui ressortent après dans mes toiles. Il y a donc toujours un message dans mon travail que le public est invité à découvrir.

BL : A quel moment considérez- vous alors que votre tableau est fini ?

CF : Je reviens souvent sur mes créations pour les peaufiner, les améliorer et changer des choses. Des fois ça peut durer deux ans et plus jusqu'à ce que je ressente qu'il n'y a plus rien à ajouter.

BL : Vous êtes une artiste autodidacte et libre. Certains artistes pensent que les gens doivent faire le pas vers une peinture abstraite. Ce cheminent est-il nécessaire, selon vous et pourquoi l'abstrait serait-il un aboutissement ?

CF : L'abstrait est en vogue ces dernières années, mais moi je suis passée par-là à mes débuts. Je me suis vraiment épanouie là-dedans. Aujourd'hui, j'ai bifurqué vers autre chose. Je travaille de plus en plus sur des personnages fictifs et cela m'amuse beaucoup. Je n'ai plus de préoccupation d'appartenance à telle ou telle école. Mon approche est totalement spontanée.

BL : Il semble que l'harmonie des couleurs et leur composition reste une préoccupation fondamentale dans vos créations. Des couleurs vives et joyeuses qui traduisent une certaine vision de la vie. Pouvez-vous nous dire un mot sur les matériaux que vous utilisez et le choix de vos couleurs ?

CF : J'utilise tous les matériaux comme la toile, le papier, le métal, le bois. Je ne m'interdis rien. Dernièrement, j'ai récupéré au Souk une couscoussière et ça m'a donné l'idée de la transformer en chapeau. Ce fut le cas aussi d'une vieille guitare que j'ai remaniée et plein d'autres objets. Pour la COP 22 j'ai réalisé une installation avec des caisses en bois. Ce fut l'occasion d'attirer l'attention sur les problèmes qui guettent notre planète. C'était donc important pour moi d'y participer.
J'ai toujours aimé les couleurs. Mon prénom Farah est synonyme de joie. Nous vivons dans un monde triste et les messages véhiculés par les médias et les réseaux sociaux sont très anxiogènes. Je suis attentive

à ces sujets, mais j'essaie d'utiliser des couleurs joyeuses pour transmettre un message positif, une note d'espoir. Mes couleurs me permettent d'écraser les choses négatives.

BL : Une œuvre d'art a toujours besoin d'un regardeur comme « complément de création » pour exister. Quelles attentes avez-vous de votre public et de sa réaction face à vos créations ?

CF : J'ai beaucoup d'échanges avec le public chaque fois que j'expose mes travaux. Les avis sont très partagés. Personnellement, j'écoute les critiques avec détachement, car je n'aime pas être influencée par les suggestions des uns et des autres. Je peins, car c'est plus fort que moi et ce qui ressort de mon intériorité ne dépend pas de moi. Mon travail n'est pas réfléchi. Il est libre et je ne compte pas changer ma façon de faire.

Ce qui importe ce n'est pas la formation et les connaissances avec lesquelles on décortique une œuvre d'art. A mon sens, ce qui est intéressant, c'est ce qu'on ressent devant une œuvre. C'est l'échange et l'énergie qui circule entre celui qui regarde et la toile. C'est beaucoup plus important pour moi. Mon travail ne laisse pas indifférent. C'est peut être ça qui compte finalement. On aime ou on n'aime pas. Je préfère les gens qui réagissent par leur sensibilité.

BL : La création féminine a connu depuis les années 90 un réel essor dans tous les domaines et particulièrement dans les Arts. Comment expliquez-vous cet engouement ? Est-ce que vous y voyez par exemple un changement de regard à l'égard des femmes, une libération et une prise en mains de leur propre destin ?

CF : Je pense que chacun a son histoire. Il est difficile donc de parler à la place des autres. Pour moi la peinture joue un rôle thérapeutique important dans ma vie. Mon œuvre a fait son cheminement. Elle a sa propre histoire. Au début, je n'osais pas montrer mon travail et à partir des années deux mille, un tournant a eu lieu dans ma carrière. C'est donc une évolution qui s'est faite naturellement et je ne pense pas qu'elle soit liée à des facteurs extérieurs. Cependant il faut reconnaître que les réseaux sociaux jouent aussi un rôle important dans la visibilité des créations.

BL : Beaucoup d'artistes femmes s'engagent de plus en plus dans la société civile en faveur des adultes mais aussi des enfants. S'agit-il pour vous d'une manière de sortir le peintre de son atelier ? Quel serait le rôle du peintre, selon vous, dans la société marocaine d'aujourd'hui en particulier et dans le monde de façon générale ?

CF : Me concernant, je n'aime pas trop me mettre en avant. Mon engagement n'est pas dans la prise de parole. Mes créations transmettent des messages et c'est à ce niveau là que j'essaie de faire avancer les choses à ma manière. Je suis néanmoins présente dans le milieu associatif, mais de façon discrète.

BL : Que pensez-vous du rôle et de la place des galeristes aujourd'hui au Maroc ?

CF : La tâche d'un galeriste consiste à accompagner l'artiste. C'est donc un travail de fond. Ce n'est pas un artiste et donc son rôle n'est pas de dire aux artistes comment ils doivent faire. Sa mission ne peut pas se réduire à une démarche commerciale, mais de recherche pour investir sur un artiste et le révéler au grand public. Du coup on ne s'improvise pas galeriste. C'est un métier qu'il faut prendre au sérieux.

Charrat Mounat

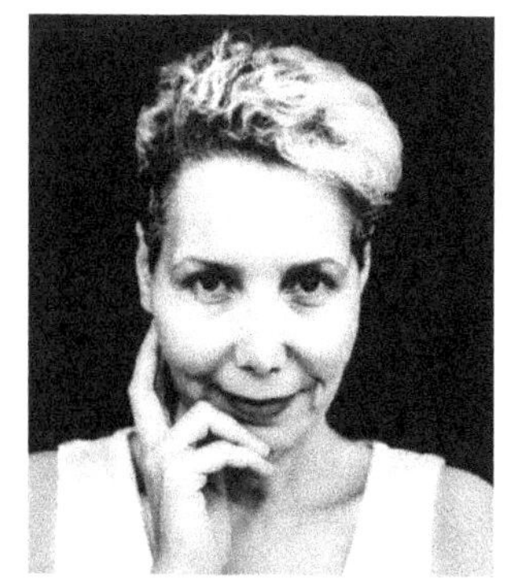

Artiste protéiforme, Mounat Charrat fait partie de ces artistes majeurs qui ont marqué la scène artistique marocaine de ces dernières années. Elle nous installe brillement dans un univers où elle déploie patiemment et de façon chaque fois renouvelée, les contours de l'absurdité de la condition humaine. L'artiste explore différents styles et matériaux tout au long de sa carrière sans se soucier des codes et des querelles de chapelles avec le souci permanent de restituer le souffle et l'expression du créateur. Ainsi, elle exploite aussi bien les potentialités du bois, de la toile, du carton, du papier, de la pierre, que des pigments dans un éternel recommencement. Le talent est là et Mounat Charrat nous invite à nous pencher sur la sempiternelle question de la relation de l'homme au cosmos. De ce fait, ses créations sont le résultat d'une réflexion longuement mûrie. Le processus créateur repose dans sa structuration sous-jacente, sur cette interrogation permanente sur le sens de la vie, de l'homme et de l'absurde qui les caractérise. Quelles que soient les techniques ou les formes utilisées, l'artiste nous convie à la contemplation de ce rapport au monde qui se manifeste par les correspondances des couleurs, des tonalités et des liens spatio-temporels. Il est question ici d'une démarche qui instaure un échange actif entre le regardeur et le regard porté sur soi de l'artiste. C'est dans ce dialogue que surgit la teneur fondamentale de l'esthétique de Mounat Charat.

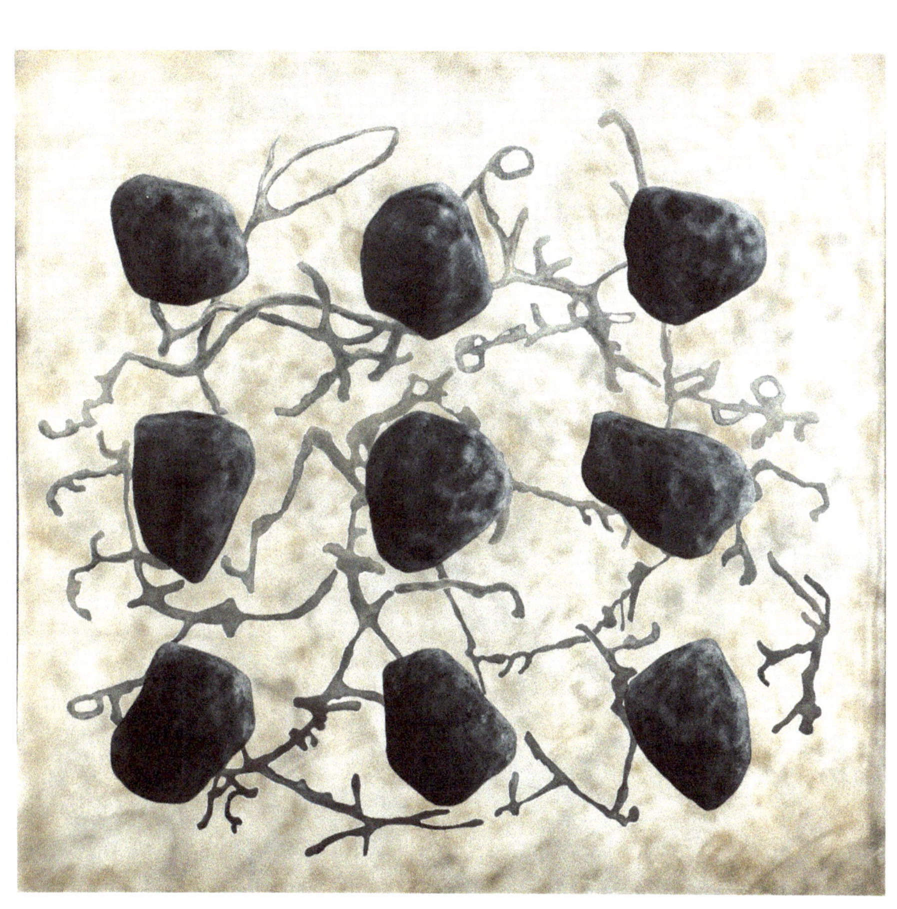

BL : Pour commencer notre échange, j'aimerais revenir avec vous sur votre enfance et votre parcours scolaire. Qui est Mounat Charrat ?

CM : je suis née à Casablanca en 1965 où j'ai passé toute mon enfance jusqu'au Baccalauréat avant d'effectuer mes études d'arts plastiques, puis de passer ma maîtrise en langues étrangères appliquées. J'ai grandi ainsi dans une famille qui aimait les arts. Mon père m'a toujours encouragé à dessiner et parfois même avec lui. Ma grand-mère maternelle basque espagnole, dessinait aussi et son père avait été peintre avant la guerre civile. J'ai donc baigné dans des récits de peintures, d'exils et de résistances, avec des personnages historiques. A l'adolescence, ma mère m'a encouragé à lire des livres d'arts et d'y découvrir par moi-même les histoires et les techniques. C'est donc tout naturellement que j'ai voulu au début des années 80 poursuivre mes études supérieures d'arts plastiques à Paris. Ainsi, j'ai fréquenté l'école de Rodolphe Julian et puis l'Académie Charpentier.

BL : Quand vous commencez un travail, comment vous procédez ? Est-ce qu'une idée précède le premier geste, une émotion particulière, une ambiance ? Y a-t-il un temps de gestation avant le travail en atelier ?

CM : Aujourd'hui mon travail est le fruit d'une longue évolution. Il continue toujours à évoluer. Je réalise une œuvre qui répond à une demande intérieure impérieuse. A partir de là, je m'interroge et commence alors une longue période de réflexion sur le sens et l'honnêteté de ce que je ressens, de ce que je veux exprimer. Puis vient le désir de représentation, l'étape de croquis et d'essais pour qu'enfin je détermine les formes, les matières et les surfaces dans un espace donné. Le concept est au terme de la réflexion et fait suite à la production artistique.

BL : Les œuvres contemporaines des artistes femmes marocaines sont nourries d'une volonté de détachement des règles. Cette remise en question des limites des canons académiques, leur permet tantôt de passer d'une forme à une autre, tantôt d'en explorer plusieurs en même temps. Ce regard libre introduit une certaine distance vis-à-vis de l'espace-temps et de l'environnement socio-culturel et politique. Ce décrochage passe par l'interrogation du corps, par l'ironie, par le travail de réappropriation des différents matériaux qui exigent une nouvelle perception. En quoi votre réflexion par exemple sur le noir et le blanc révèle-t-elle cette préoccupation ?

CM : Mon travail est chargé de notions antinomiques, cet éternel balancement entre le sens et le contre-sens, le clair et l'obscur, la vie et la mort. Notre vie est pleine de contradictions et mon art est une recherche de ce lieu utopique où on peut retrouver le bonheur. Tant qu'il y a de la vie il y a de l'art ! Il est pour moi un miroir qui questionne l'âme humaine sous ses multiples facettes. Comme dans tout raisonnement, je n'aime pas les choses affirmées : le noir, le blanc, le rouge…Ces couleurs nous enferment tandis que le gris est un peu plus marécageux et mystérieux.

BL : Une œuvre d'art a toujours besoin d'un regardeur comme « complément de création » pour exister. Quelles attentes avez-vous de votre public et de sa réaction face à vos créations ?

CM : Le public tient un rôle majeur dans la mise en forme finale de mon œuvre. La perception, encore plus que l'objet à percevoir, devient le sujet principal de mes pièces. Le corps du spectateur est placé dans l'ici et le maintenant de la rencontre avec l'œuvre. J'ouvre l'intimité de mon œuvre au regardant, pour le placer dans cette forme de correspondance dont parlait Michel Foucault *« il s'agit de faire venir à coïncider le regard de l'autre et celui qu'on porte sur soi ».* J'aime le pousser à la contemplation puis à l'observation, faire en sorte qu'il s'interroge sur ce qu'il voit et tente d'analyser et comprendre l'univers dans lequel il est convié. Autrement dit, mettre en scène le corps humain, en l'occurrence le mien, dans un environnement et faire appel à l'idée de symbiose qui existe entre les deux.

BL : Beaucoup d'artistes femmes s'engagent de plus en plus dans la société civile en faveur des adultes, mais aussi des enfants. S'agit-il pour vous d'une manière de sortir l'artiste de son atelier ? Quel serait son rôle, selon vous, dans la société marocaine d'aujourd'hui en particulier et dans le monde de façon générale ?

CM : Quels que soient les genres et les disciplines, le rôle de l'artiste à travers l'histoire, a toujours été de créer un contexte dans lequel il invite à transcender notre quotidien et à bousculer nos idées sans chercher à faire comprendre ou à convaincre ; juste ouvrir des possibles. La femme artiste a un rôle majeur dans l'histoire en général et dans le champ artistique en particulier. Aujourd'hui, elle est consciente de la force de son intériorité. Par conséquent, elle ne se voit plus à travers un regard masculin et elle cherche de nouvelles formes pour se raconter. C'est la raison pour laquelle, elle est déterminée à trouver. C'est cette quête qui explique justement la force, voire la violence de certaines œuvres.

El Fahli Khadija

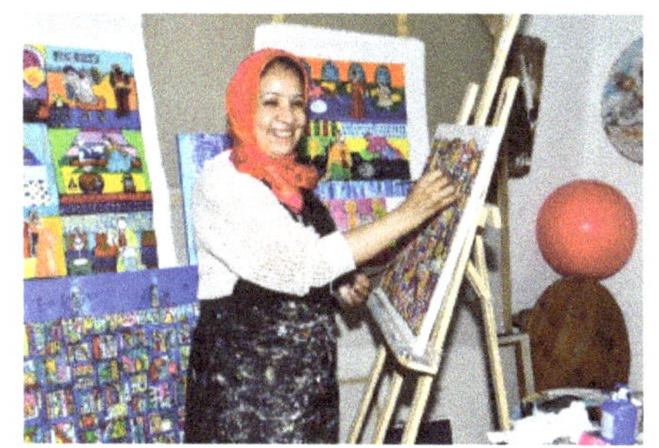

S'il arrive qu'une œuvre soit à l'image de son créateur, cette réflexion est plutôt une règle dans le cas de l'artiste Khadija El Fahli. Chez elle, la peinture est une terre de re-naissance ; un lieu où elle se retrouve pour mettre au monde ce qu'elle a de plus précieux ; son humanité. La création n'est envisageable pour elle que dans le partage, l'ouverture et la proximité heureuse de l'autre. Autodidacte, l'artiste n'est pas pour autant prisonnière de maladresses qui seraient le pendant d'un apprentissage inaccompli. Bien au contraire, elle a pu, à force de perfectionnement développer une technique qui lui appartient. Cette maîtrise lui permet de laisser libre cours à son instinct pour livrer au regardeur une œuvre spontanée que certains qualifient de naïve. Telle une orfèvre, elle structure minutieusement ses toiles par une superposition de portes et de fenêtres qui laissent apparaître cette idée d'ouverture et de mystère à laquelle tient autant l'artiste. Un clin d'œil à la vie en somme. Pour ce faire, elle fait appel à des symboles et des signes appartenant au patrimoine marocain traditionnel pour les redéployer dans une nouvelle configuration tournée vers d'autres possibles. La clé, très présente dans ses toiles, se donne à voire comme un leitmotiv qui met en scène ce message que l'artiste cherche à distiller dans ses créations. Bref, Khadija El Fahli fait partie de cette phratrie de créateurs pour lesquels la peinture est avant toute chose une conduite qui doit nous rapprocher de notre native humanité.

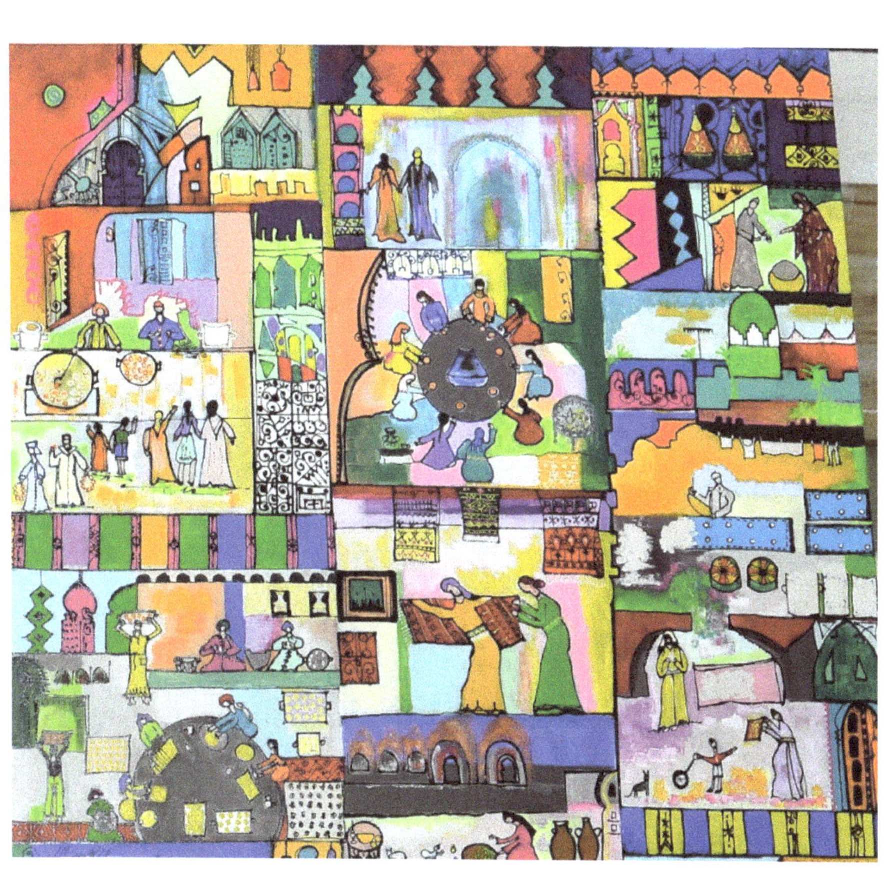

BL : Pour commencer notre échange, j'aimerais revenir avec vous sur votre enfance et votre parcours scolaire. Qui est Khadija El Fahli ?

EK : Native de Sidi Kacem, je garde le souvenir d'une enfance enthousiaste, remplie d'affection, de joie et d'amour. Je suis une grande timide très généreuse et j'aime beaucoup la discrétion. Aussi, suis-je une grande rêveuse très sélective dans mes relations. Je déteste le faux, la foule et les personnes très bavardes qui m'étouffent. Très éprise de liberté, j'adore la bonne musique, ambitieuse et très positive. Mon côté enfant me permet de relativiser les choses et essayer de déguster les bons moments. Je suis donc un peu dans mes tableaux.

Je fus une élève brillante jusqu'au baccalauréat scientifique. J'ai intégré par la suite le CPR et j'ai été diplômée en science de la vie et de la terre, puis enseignante pendant quinze ans. Diplômée en traduction scientifique, j'ai enseigné également au lycée puis dans les classes préparatoires à Casablanca CPGE pendant 23 ans.

BL : Comment s'est fait le choix des Arts Plastiques? Qu'est-ce qui a motivé cette orientation ? Quelles sont les principales influences sur votre art et notamment vos premières créations ?

EK : J'ai suivi des cours de dessin à Rabat où je fréquentais régulièrement la galerie Bab Rouah dans les années 70. J'ai toujours été impressionnée par l'architecture andalouse et celle des régions du sud du Maroc. Je suis attirée par les ruelles, les senteurs, les sons, les portes majestueuses, les fontaines et le fer forgé. J'ai toujours aussi adoré la peinture de Ben Ali Rbati.

BL : Est-ce que vous pouvez nous parler de votre cheminement et les différentes étapes de votre parcours artistique ? Qu'est-ce qui caractérise par exemple votre peinture ?

EK : Depuis les années 80, je dessinais souvent des arcades et du fer forgé. En 2003, une première toile est née. En 2006, deux toiles représentant des scènes de préparation de couscous et hammam puisées dans mon enfance et mêlées de rêves de nostalgie, ont vu le jour. Je dévorais les photos et les images dans les revues de peinture. En 2012, ma première exposition individuelle vit le jour, puis deux autres par la suite. J'ai participé également à une trentaine d'expositions collectives dont quatre en France et une à Tunis. Mes toiles sont un peu partout dans le monde comme en France, Canada, Musée de Carthage, USA, Allemagne, Dubai, Suisse, en Martinique, etc.

Ce qui caractérise ma peinture c'est la présence de fenêtres, portes contigües qui s'enchaînent pour devenir parfois une seule. Ces portes, même fermées sur le tableau, demeurent ouvertes et accueillantes. Elles cachent des mystères, des scènes, un savoir faire et un savoir être. Bref, des vies.

Mes toiles se caractérisent par la présence de clés, avec toute la charge symbolique qu'elles incarnent dans la mémoire collective. On y trouve aussi des lettres arabes et berbères, tizerzay, fibule, khmissa ou encore des motifs inspirés du bois et du zellige. Ainsi, des messages d'amour, de paix, de joie et d'espoir sont chaque fois distillés dans la trame de mes toiles.

BL : Quand vous commencez une toile, comment vous procédez ? Est-ce qu'une idée précède le premier coup de pinceau, une émotion particulière, une ambiance ? Y a-t-il un temps de gestation avant le travail en atelier ?

EK : Le premier coup de pinceau est souvent précédé et géré par mon ressenti intérieur profond, souvent en quête de convivialité, d'authenticité de dévouement, d'amour et de douceur. Il y a donc chez moi un besoin de raconter devant le silence et la blancheur de la toile.

BL : A quel moment considérez- vous alors que votre tableau est fini ?

EK : Ma peinture est un discours narratif interminable. Je pense que seul l'œil de l'autre ; son regard qui peut mettre « fin » à mon tableau.

BL : Vous êtes une artiste autodidacte dont le travail est souvent qualifié de brut ou de naïf. Certains artistes pensent que les gens doivent faire le pas vers une peinture abstraite. Ce cheminement est-il nécessaire, selon vous et pourquoi l'abstrait serait-il un aboutissement ?

EK : Le fait de passer par l'abstrait n'a pas lieu en ce moment dans ma démarche artistique. Je pense que l'abstrait serait un aboutissement dans la mesure où il n'appelle pas un rapport avec la réalité et le visible. Il permet d'enlever les formes me semble-t-il.

BL : Il semble que l'harmonie des couleurs et leur composition reste une préoccupation fondamentale dans vos créations. Des couleurs vives et joyeuses qui traduisent une certaine vision de la vie. Pouvez-vous nous dire un mot sur les matériaux que vous utilisez et le choix de vos couleurs ?

EK : J'utilise différents matériaux comme les pigments naturels, les pétales de roses, le safran, le henné, swaq, smaq, acrylique, différents gel et bien d'autres matériaux. Aussi, les couleurs vives me procurent enthousiasme en recréant des atmosphères chaleureuses et magiques ; Ils me permettent de retrouver des oasis, des odeurs et des sons. Ce sont tous ces éléments qui habitent mon imaginaire et qui caractérisent mon travail.

BL : Une œuvre d'art a toujours besoin d'un regardeur comme « complément de création » pour exister. Quelles attentes avez-vous de votre public et de sa réaction face à vos créations ?

EK : Le spectateur peut être touché ou pas par mes créations. C'est un bonheur pour moi si j'arrive à partager mon univers ; susciter un émerveillement, exciter la rêverie ou la réflexion, faire voyager l'œil ou faire naitre une sensation…

BL : La création féminine a connu depuis les années 90 un réel essor dans tous les domaines et particulièrement dans les Arts. Comment expliquez-vous cet engouement ? Est-ce que vous y voyez par exemple un changement de regard à l'égard des femmes, une libération et une prise en mains de leur propre destin ?

EK : Le monde de la femme s'est élargi via les études, la télévision, les réseaux sociaux et l'encouragent notamment de sa Majesté Mohamed VI pour l'art et les femmes artistes. Cela a permis plus d'ouverture sur le monde de l'art. Les femmes peintres leaders ont motivé et inspiré beaucoup de femmes. Je dirais qu'il s'agit d'une prise de conscience quant à l'importance de la place de la femme dans l'art et son apport d'abord pour elle et ensuite pour la société. J'ai l'impression que la femme persévère souvent dans la perfection et le dépassement de Soi.

BL : Beaucoup d'artistes femmes s'engagent de plus en plus dans la société civile en faveur des adultes mais aussi des enfants. S'agit-il pour vous d'une manière de sortir le peintre de son atelier ? Quel serait le rôle du peintre, selon vous, dans la société marocaine d'aujourd'hui en particulier et dans le monde de façon générale?

EK : le rôle de l'artiste serait à mon avis de sortir l'art et le montrer à un public plus large, s'inscrire dans le caritatif via la peinture, initier à la peinture et aider des associations. Cela permettra sans doute de semer des graines chez les enfants et les adultes pour les motiver …

Dans la société marocaine, il peut être porteur d'un message noble. Par la promotion de l'art dans la société et le monde, la peinture pourrait contribuer à atténuer quelques maux et fléaux sociaux. C'est aussi un moyen de réinsertion et de thérapie. Les artistes (notamment les grands) sont censés partager leurs expériences, être humbles, contribuer à l'affinement de l'âme humaine, faire découvrir d'autres mondes au public. L'art deviendra de la sorte une quête permanente de l'élévation de l'âme. Il embellit et adoucit la vie et les meurs. C'est une manière d'aspirer à une certaine qualité de vie, au beau et au sublime.

Les arts permettent par ailleurs d'interagir avec l'autre qui est différent et de dialoguer avec d'autres cultures. Cette ouverture est une source d'enrichissement mutuelle au niveau intellectuel et spirituel. C'est cette dimension humaine qui me tient à cœur, car elle permet à ma peinture de véhiculer un message de tolérance, de vivre-ensemble et de partage.

BL : Que pensez-vous du rôle et de la place des artistes aujourd'hui au Maroc ?

EK : Je trouve qu'il existe des artistes qui représentent bien le Maroc et lui font honneur à bien des niveaux. Ils font de la recherche, créent des échanges artistiques pour une meilleure promotion de l'art au Maroc et à l'étranger, mais c'est une minorité. D'autres ciblent surtout le côté matériel pour gagner plus.

Les « grands » artistes sont dans leur tour d'ivoire, dans un cercle clos. Ils sont hermétiquement fermés à tout échange aussi infime soit-il. Ils sont parfois imbus de leurs personnes et n'acceptent pas que la relève aie lieu ou que d'autres artistes existent et évoluent. Il en va de même pour les galeristes à Casablanca, Rabat et Marrakech.

BL : Comment voyez-vous l'avenir de la création artistique au Maroc et particulièrement la participation de la femme à l'histoire de cet Art ?

EK : Je pense que l'implication du Ministère de la culture est nécessaire pour collaborer et faciliter la tâche aux artistes, notamment par l'organisation d'événements artistiques et l'accès équitable aux espaces culturels. Les espaces artistiques doivent être ouverts à longueur de l'année. L'évolution de l'art passe inévitablement par la recherche, la production, les expositions, l'échange entre les artistes loin de la concurrence et de la jalousie. Aussi, les organisateurs des événements artistiques doivent être plus professionnels et ne pas chercher seulement à s'enrichir. En fin, les jurys pour les événements artistiques doivent sélectionner convenablement et objectivement les travaux. Pour conclure, je dirais qu'il reste encore beaucoup à faire, mais chacun doit y contribuer à son niveau

El Hajjaji Fatima

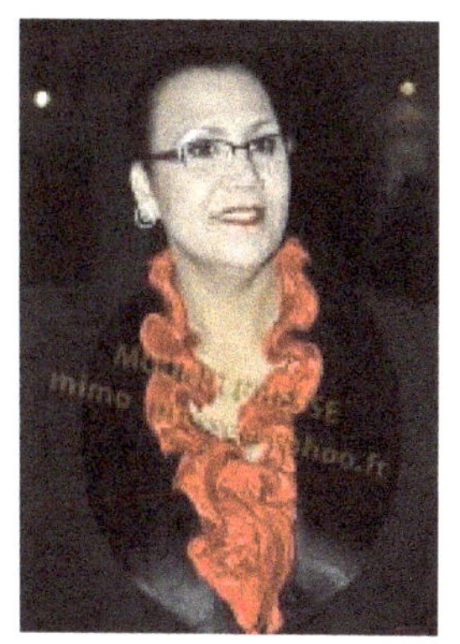

L'expérience artistique de Fatima El Hajaji est indissociable d'une peinture des sous-bois à travers laquelle elle exprime librement sa sensibilité. Loin d'une recherche d'effet de représentation, son esthétique évolue vers une abstraction qui se déploie sur les territoires d'une intériorité sensible. L'artiste laisse désormais libre cours à son imagination et les couleurs se conjuguent harmonieusement sur la toile entre ombre et lumière. Les éléments prennent forme et se transforment progressivement en un paysage embrasé ou désolé. Cela dépend de son état d'âme et de ses pensées qu'elle essaye d'exprimer spontanément. Nous assistons ainsi à la naissance d'une peinture qui ne cesse de se renouveler se traduisant dans une recherche de l'équilibre entre ombres et lumière.

L'artiste développe des compositions comme autant d'appels à la sérénité des temps premiers dans une sorte de cohérence entre le moi et le cosmos. Il y a chez elle une organisation de la durée et de l'espace qui méritent notre attention. La perception du paysage comme objet de regard se fait au terme d'une observation progressive avec une succession de plans soigneusement construits. C'est l'aboutissement d'un voyage intérieur pétri de joies et de questionnements qui implique à la fois des renoncements et des espoirs. D'où ce glissement et cette dynamique où s'allient ombre et lumière. C'est cet équilibre délicat que recherche l'artiste. Une quête qui dessine en somme une possibilité de quiétude loin des turpitudes du monde.

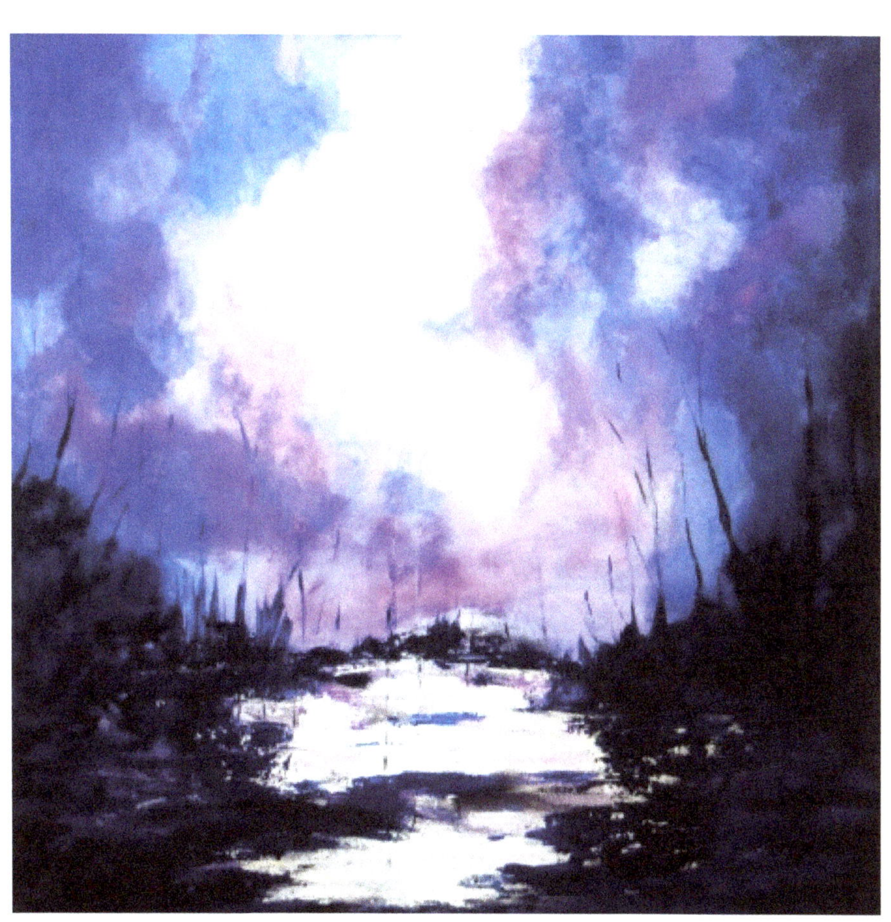

BL : Pour commencer notre échange, j'aimerais revenir avec vous sur votre enfance et votre parcours scolaire. Qui est Fatima El Hajjaji ?

EF : Je suis native de Rabat, mais j'ai passé toute mon enfance et mes études primaires et secondaires à El Jadida. Je suis issue d'une famille passionnée par tout ce qui touche à l'art : théâtre, peinture, musique. Cette ville était à l'époque entourée de végétations et d'immenses forêts. C'est là où je suis tombée amoureuse de la nature. Puis de retour à ma ville natale Rabat, après les études, j'ai intégré l'Office National de l'Eau Potable (ONEP) où j'ai passé 24 ans de service. Je suis partie en 2005 pour me consacrer entièrement à la peinture qui devient un besoin important pour moi.

BL : Comment s'est fait le choix des arts plastiques? Qu'est-ce qui a motivé cette orientation ? Les principales influences sur votre art et notamment vos premières créations ? Quels sont les peintres qui ont compté particulièrement dans votre formation ?

EF : Un artiste est toujours influencé par sa jeunesse et l'ambiance dans laquelle il a vécu. Quand on a un don artistique inné, on n'a pas besoin d'être lauréat d'une école des Beaux-Arts ou d'une autre discipline artistique. Mais souvent il faut un déclic ou un catalyseur pour provoquer notre don. J'ai commencé par la peinture figurative et quelques expositions. J'étais impressionnée par les œuvres de Bertoutchi entres autres. Je me suis intégrée par la suite, à force de rencontres et d'échanges, à la communauté des artistes plasticiens marocains de tous bords à Rabat et Casablanca.

Je me suis mise à étudier les rudiments des arts plastiques pour en acquérir les éléments essentiels. Au fur et à mesure de mes recherches, je peignais en amateur, mais avec la volonté de progresser pour devenir une artiste accomplie. J'estime qu'on ne peut pas construire une maison sans fondations. Et les fondations des arts plastiques sont le dessin et les règles élémentaires de la peinture. Et c'est à travers les œuvres de certains grands peintres tels que Corot, Delacroix, Van

Gogh et tant d'autres que je me suis familiarisée avec les couleurs, les styles et les techniques.

BL : Vos débuts dans la peinture c'était d'abord le figuratif avant de vous orienter vers une peinture impressionniste. Est-ce que vous pouvez nous expliquer votre cheminement et les différentes étapes de votre parcours artistique ?

EF : Comme je viens de le signaler, il faut avoir une base de travail au départ. C'est ce qui m'a poussé à opter pour le figuratif pour me montrer mes capacités artistiques. J'ai commencé par la figuration simple et même précise. Avec le travail assidu et les multiples recherches auprès des grands maîtres à travers les livres et leurs œuvres, il y a eu une évolution qui s'est faite naturellement. Cette évolution apparait maintenant dans mes tableaux qu'il faut toujours voir de loin pour déceler le motif et le sujet peint. Je peux même dire que c'est du figuratif par l'abstraction ou vice versa.
La peinture figurative a été pour moi, comme pour beaucoup d'artistes, la première étape dans ma recherche plastique. C'est ce qui m'avait permis par la suite de mieux manipuler la spatule et le pinceau avec aisance. Pendant mon parcours plastique, le besoin d'exprimer librement ma sensibilité, mes émotions et mes états d'âmes s'est illustré en peignant les sous-bois. Je m'inspirais des paysages imaginaires ou réels. Les paysages forestiers exercent une grande fascination sur moi, notamment les changements de couleurs et de lumière au cours des saisons.

Intuitive, ma démarche a évolué au fil du temps. L'aspect figuratif a cédé la place à une composition abstraite où, dès les premières touches, je laisse libre cours à mon imagination. Les couleurs se conjuguent sur la toile entre ombre et lumière. Les éléments prennent forme et, au fur et à mesure, se transforment en un ciel, une forêt, des cimes, une marine, une plaine, un paysage embrasé ou désolé. Cela dépend de mon état d'âme et de mes pensées que j'essaye d'exprimer spontanément. Dans mes dernières œuvres, l'approche technique devient de moins en moins démonstrative et descriptive. Je ne retiens plus que l'aspect virtuel : les couleurs, la matière et la force de lumière

sont fusionnées émotionnellement. Les paysages se muent en abstraction d'éléments terrestres montagneux ou marins, dans un flamboiement de couleurs tantôt sobres et apaisantes, tantôt fougueuses et enthousiasmantes.
Je travaille avec plusieurs techniques telles que le collage, pigments, acrylique sur toile avec spatule, brosse et même les doigts.

BL : Vous associez souvent la peinture à la vie. Le ciel, la terre et la mer sont selon vous des entités qui constituent notre univers et ont des tempéraments émotionnels similaires à ceux des hommes. Vous parlez aussi de la peinture comme refuge, une thérapie et un acte spirituel. Pourriez-vous nous préciser davantage cette conception ?

EF : Victor Hugo a écrit : « L'art c'est le reflet que renvoie l'âme humaine éblouie par la splendeur du beau ».
« Le Ciel, la Terre et la Mer » sont les trois éléments qui composent notre univers et qui sont la source de notre existence. Pour moi, c'est un voyage dans la contemplation, la solitude, et une invitation à la méditation et au recueillement sur la puissance de la nature majestueuse.

Dans mes toiles, je fais référence aux quatre éléments que sont « L'eau, la terre, l'air et le feu » matérialisés par les couleurs que je manipule d'une façon particulière à l'image des impressionnistes. Ainsi, je laisse vagabonder mon imagination dès les premières touches. Souvent pour ne pas dire toujours, les couleurs se conjuguent sur la toile entre ombre et lumière. Le ciel prend forme et les couleurs se transforment en une forêt, une marine, une plaine, un paysage embrasé ou désolé…

BL : Quels sont les matériaux que vous utilisez dans votre peinture et comment vous procédez quand vous commencez un tableau ?

EF : D'abord un artiste peintre digne de ce nom, ne commence pas à barbouiller les couleurs directement sur la toile. Une toile se construit d'une façon mathématique et je dirais même scientifique. Après, vient la première ébauche pour donner une forme à ce qu'on veut peindre. La technique et le style commencent à agir pour que la couleur soit posée de façon rationnelle ou intuitive. Objectivement, c'est une onde, une matière liquide, opaque, transparente ou réfléchissante. Mais pour moi, ce n'est pas cela qui est le plus important, ce qui compte, c'est ce que nous sentons et que notre esprit transforme en art.

BL : Vous faites la distinction entre la peinture des hommes et celles des femmes. Y a-t-il, selon vous, une création artistique féminine et qu'est-ce qui la caractérise?

EF : je réitère ce que j'avais exprimé à maintes occasions à ce sujet. Il faut parler de la création artistique des femmes et non pas de la création artistique au féminin, parce que dans toute création artistique il y a un côté féminin. La création artistique est une création humaine et non pas d'un homme et d'une femme. Quand vous visitez un musée, et que vous voyez des tableaux, vous ne pouvez dire si c'est un tableau fait par une artiste ou un artiste. C'est une œuvre d'art. Il y a seulement des différences dans la manière de penser ou de peindre. Mais la sensibilité esthétique particulière de la femme la rend plus prédisposée à la création. D'ailleurs, ce n'est pas un hasard aujourd'hui si de plus en plus de femmes marocaines s'orientent vers les activités artistiques. Ceci présage d'un bel avenir pour la création artistique de la femme contemporaine au Maroc.

BL : Maintenant que vous êtes identifiée comme une peintre de la nature et plus exactement de la forêt, est-ce que vous envisagez de travailler sur d'autres thématiques ?

EF : J'estime, sauf erreur de ma part, qu'un artiste peintre doit être reconnaissable par son style et ses thèmes. Ainsi, il peut être identifié par ses toiles qui sont reconnues de loin. L'évolution se fait par le travail assidu et continu, tout en restant fidèle à ses thèmes préférés.

BL : Quand vous commencez une toile, comment vous procédez ? Est-ce qu'une idée précède le premier coup de pinceau, une émotion particulière, une ambiance ? Y a-t-il un temps de gestation avant le travail en atelier ?

EF : Un artiste peintre quel qu'il soit doit être dans de bonnes dispositions pour se mettre au travail. Être bien reposé physiquement et moralement et sentir une grande envie de peindre. S'il se force ou s'oblige à travailler, je peux dire que ce n'est pas un peintre. Il m'arrive souvent de tout délaisser, toiles, peinture et matériel, car l'envie et la passion n'y sont pas. Puis un jour se produit un fou désir de travailler et de peindre. Et là je ne contrôle plus rien. Il m'arrive alors de peindre des heures et des heures sans relâche oubliant tout ce qui m'entoure. Là, c'est la passion et la fougue de peindre qui surgissent en moi. Dans cet état, je sens que je ne contrôle plus rien. C'est toute ma passion de peindre qui me guide spontanément. Quand je termine ma toile et la contemple, je suis souvent surprise par mon travail. Peindre pour moi, est un moment de refuge, de réflexion, de méditation et d'évasion. C'est un art de vivre et de communication avec mon univers intime.

BL : A quel moment considérez-vous alors que votre tableau est fini ?

EF : Pour moi, un tableau n'est jamais fini. Au fur et à mesure que je le regarde même quand il est complètement sec, je trouve certaines choses à ajouter ou à modifier. Mais il arrive un moment où je me dis : « ça suffit » pour ne pas trop le charger

BL : Une œuvre d'art a toujours besoin d'un regardeur comme « complément de création » pour exister. Quelles attentes avez-vous de votre public et de sa réaction face à vos créations ?

EF : Le véritable public d'un artiste peintre, n'est pas le public de son temps, c'est celui qu'il aura dans cinquante ou cent ans après sa disparition. Malheur au peintre qui se laisse griser par l'admiration du public de son temps. Pour moi, je travaille honnêtement en respectant bien le public qui viendra regarder mes œuvres et qui ressent les choses artistiques par son cœur et non par ses yeux.

BL : Beaucoup d'artistes femmes s'engagent de plus en plus dans la société civile en faveur des adultes, mais aussi des enfants. S'agit-il pour vous d'une manière de sortir le peintre de son atelier ? Quel serait le rôle du peintre, selon vous, dans la société marocaine d'aujourd'hui en particulier et dans le monde de façon générale ?

EF : Notre mentalité marocaine, nos traditions séculaires et notre façon de vivre, nous poussent vers la solidarité et l'entraide entre nous. Le foisonnement d'associations artistiques ou sociales n'est pas un simple fait de hasard. C'est une tradition. L'artiste appartient à sa société qui a des manières de vivre et de cohabiter. C'est pour cela que vous le voyez s'engager et s'intéresser à tout ce qui touche le milieu dans lequel il évolue.

BL : La création féminine a connu depuis les années 90 un réel essor dans tous les domaines et particulièrement dans les Arts. Comment vous expliquez cet engouement ? Est-ce que vous y voyez par exemple un changement de regard à l'égard des femmes, une libération et une prise en mains de leur propre destin ?

EF : La femme marocaine a toujours été au-devant de la scène et à côté de l'homme dans ses combats quotidiens. Sa situation a changé et son statut s'est nettement amélioré. Elle est devenue aujourd'hui un acteur majeur et présent dans tous les domaines, politiques, économiques, sociales et culturels. Notre société ne pourra pas se développer si sa moitié reste marginalisée.

BL : Comment voyez-vous l'avenir de la création artistique au Maroc et particulièrement la participation de la femme à l'histoire de cet Art ?

EF : La création plastique me paraît fleurissante. Il y a de plus en plus d'artistes plasticiens au Maroc. Cela démontre une dynamique dans ce domaine. Cependant, il faut dire les choses comme elles sont. Nous n'avons pas une histoire séculaire en art plastique à l'instar de l'Europe, de la Chine ou de la Mésopotamie par exemple. L'émergence des arts au Maroc a commencé dans les années soixante avec l'arrivée de jeunes artistes ayant suivi une formation en Europe et particulièrement en France en introduisant l'abstraction qui était à la mode à l'époque.

C'est pour cela que j'estime que l'éducation artistique se fait à la base, dans les écoles et les établissements scolaires afin d'inculquer aux jeunes générations l'amour de l'art.

Iraqui Houbaba

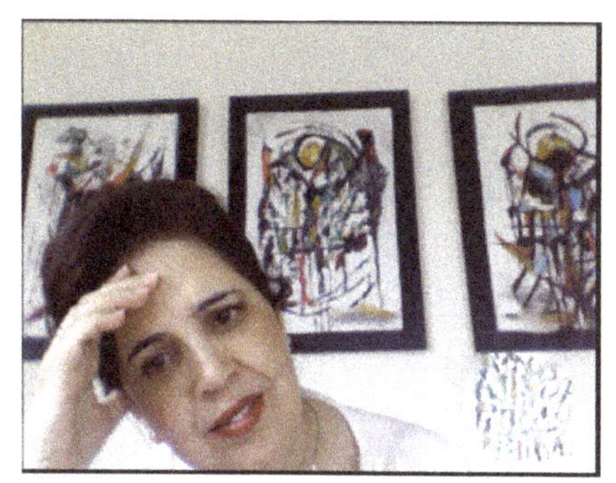

Houbaba Iraqui fait partie de ces artistes pour qui la peinture devient une habitation où le dialogue s'engage avec notre monde. Son esthétique montre ce dernier à travers ses différentes composantes comme un paradigme de choix. Dans sa relation à son environnement, sa démarche donne lieu à une possibilité de renaissance. Ainsi, l'homme et la nature ont toujours été au centre de ses préoccupations depuis ses débuts où elle a été influencée par la peinture orientaliste. Cette expérience qui a duré jusqu'à la fin des années quatre-vingt dix a d'abord évolué vers un abstrait qu'on peut qualifier de lyrique avec une peinture à l'huile, pour tendre actuellement vers un abstrait expressionniste à l'américaine avec de l'acrylique. Ses sujets demeurent la faune et la flore ainsi que l'humain. Pour elle, toute peinture véhicule un message et la sienne est un combat constant entre le beau et le laid, entre le bien et le mal. Sur un plan technique, elle utilise souvent des signes, des symboles, des formes et des empreintes par pochettes. La présence de lignes, de courbes et de trajets, représente pour elle, les limites des espaces de couleurs souvent juxtaposés. Tout est peint dans cette construction manichéenne où les rapports des couleurs sont redéfinis. Comme chez Kandinsky, la question qui se pose n'est plus de savoir comment peindre les objets, mais somme toute celle de faire apparaître la lumière.

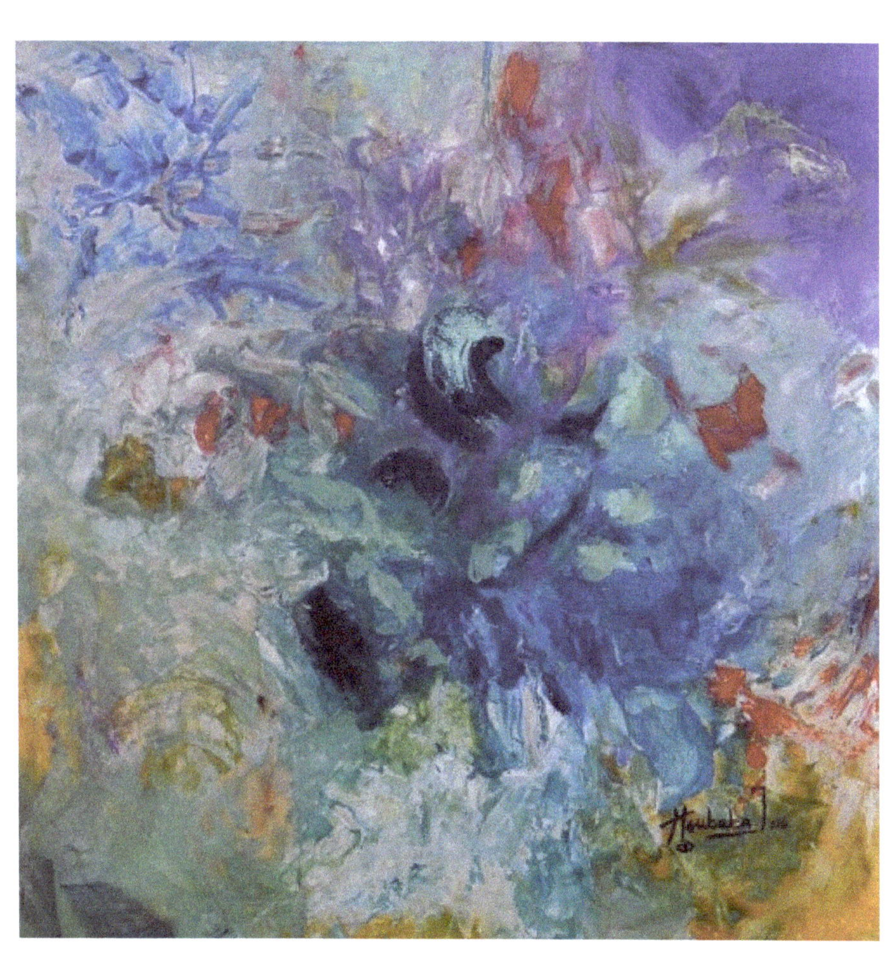

BL : Pour commencer notre échange, j'aimerais revenir avec vous sur votre enfance et votre parcours scolaire. Qui est Houbaba Iraqui ?

IH : Je suis née le 9 janvier 1947 à Fès où j'ai débuté ma scolarité avant d'aller à Rabat, puis au collège des jeunes filles à Casablanca et enfin au collège Jeanne d'Arc à Rabat. Dès mon très jeune âge, j'ai senti un penchant accru pour le dessin et la peinture. Je dessinais souvent des bateaux, des arbres et des fleurs. Ces dessins je les offrais souvent à ma maman, principale personne qui appréciait mes esquisses et m'encourageait à persévérer dans ce domaine. Ma maman n'était pas artiste, mais elle tricotait, brodait et concevait des caftans. Elle m'a peut-être inculqué l'appréciation des belles choses. Ses encouragements ainsi que ceux de mon mari, homme de lettres, professeur de linguistique, écrivain et ancien directeur au Ministère de la culture, m'ont donc orientée définitivement vers les arts plastiques. Pourtant, j'étais aussi passionnée dans les années 60 par le cinéma américain et égyptien, mais aussi par la musique, notamment les chansons d'Abdelhalim Hafed.

BL : Comment s'est fait le choix des arts plastiques? Qu'est-ce qui a motivé cette orientation ? Les principales influences sur votre art et notamment vos premières créations ? Quels sont les peintres qui ont compté particulièrement dans votre formation ?

IH : En 1978, je me suis inscrite aux cours de dessin et de peinture à l'école des Beaux-Arts (Artec) à Rabat que dirigeait l'artiste peintre Alerini. J'ai eu l'opportunité de perfectionner les techniques du glacis grâce au professeur américano-vietnamien, Lap Ngo Guang et deux professeurs américains venus au Maroc pour une courte saison. A partir de cette date, j'ai commencé à exposer à titre individuel à Rabat et de façon collective en compagnie d'autres artistes marocains comme Chaibia Talal, Farouj, Agueznay, etc. Ce fut le cas par exemple à la biennale de Baghdad en 1988.

BL : Est-ce que vous pouvez nous expliquer votre cheminement et les différentes étapes de votre parcours artistique ?

IH : De 1976 à 1990, j'ai fait essentiellement du figuratif avec comme sujets de prédilection les portraits de femmes ou d'hommes arabes célèbres, les scènes de vie courante et de la nature. Jeune, j'ai été influencée par les orientalistes, comme Eugène Delacroix, Pontoy, EddyLegrand, Mantel et bien d'autres. Je suis fascinée par ces artistes qui savaient manipuler le jeu des luminosités et des ombres tout en étant très précis.

A partir de 1990, j'ai préféré diversifier mes sujets et mon style en allant vers le semi figuratif. C'est en 2000 que je me suis orientée vers l'abstrait. Dans ce domaine, j'ai basculé de l'abstrait lyrique avec une peinture à l'huile, vers actuellement un abstrait expressionniste à l'américaine avec de l'acrylique. Mes sujets sont très souvent la faune et la flore ainsi que l'humain. Bref, la nature avec toutes ses composantes.

BL : Comprendre les présupposés à l'œuvre dans une création permet de mieux cerner aussi le rapport à soi et au monde à partir de l'expérience esthétique. Comment procédez-vous quand vous envisagez de vous lancer dans une création ? Est-ce qu'une idée précède le premier jet, une émotion particulière, une ambiance ? Y a-t-il un temps de gestation avant le travail en atelier ?

IH : Il y a toujours un élément déclencheur pour commencer un tableau. Soit une exposition à laquelle j'ai assisté ou un livre que j'ai lu ou même une scène de la rue que j'ai aperçue. Quand je commence avec une idée précise, une autre idée jaillit en cours d'exécution, dans un enchainement un peu magique. Je peins plus souvent l'hiver que l'été. Il est habituel que j'écoute de la musique quand je peins. Mon humeur influence souvent les sujets, la conception et l'élaboration d'un tableau. Il n'existe alors aucune période de gestation avant l'exécution de l'œuvre. C'est devant la toile vide et en présence des tubes de peinture acrylique que tout se fait, les idées venant en cours d'élaboration.

BL : Dans vos créations vous manipulez une abstraction avec une palette haute en couleurs. Les lignes, les nuances et les formes composent une grammaire qui imprime des émotions particulières. Comment procédez-vous sur un plan technique ? Comment choisissez-vous vos matériaux ? Enfin quelles sont vos sources d'inspiration ?

IH : À travers mes modes d'expression, on retrouve dans mes œuvres diverses formes symboliques de notre culture. En tant que Marocains, nous sommes à la périphérie de plusieurs civilisations (arabo-musulmane, amazigh, judaïque, occidentale) et donc nous n'avons pas à choisir entre l'une d'elles, mais nous sommes tout cela à la fois. Contrairement à ce que dit Stendhal, que la peinture est une morale construite, je pense que mon objectif est avant tout l'esthétique, la modernité. Chaque spectateur peut ainsi interpréter mes œuvres à sa guise. Il y a des tableaux cependant où l'interprétation est claire ne prêtant à aucune confusion ; comme l'exposition sur les dégâts de notre planète où l'abstraction pure montre combien notre terre est en danger. J'utilise souvent des signes, des symboles, des formes et des empreintes par pochettes. La présence de lignes, de courbes et de trajets, représente pour moi, les limites des espaces de couleurs souvent juxtaposés.

BL : Au-delà des couleurs et des formes, votre peinture est traversée aussi par cette tension entre votre sensibilité et l'espace extérieur. Comment cette dialectique se traduit-elle dans votre travail et quel message cherchez-vous à passer à travers votre esthétique ?

IH : Oui il y a un rapport net entre ma sensibilité et l'espace extérieur où je vis. Comme tous les artistes marocains, je m'inspire de la culture de mon pays, et m'interroge sur ce qui se trouve autour de moi, sur les images et les symboles emblématiques du Maroc. Un imaginaire total et multiple se crée. La poétique est importante, car elle conditionne l'élaboration et la réception de l'œuvre d'art. Je crois que je puise un peu partout, mais le Maroc reste une source d'inspiration qui ne tarit jamais. Les couleurs des souks, l'artisanat, les tapis berbères sont des couleurs chaudes que j'apprécie énormément. L'artisanat entre autres reste très important, car il ne faut pas oublier que le Maroc est un pays de lumières très apprécié par tous les peintres notamment les célèbres artistes français et américains pour la qualité de ses couleurs naturelles. Toute peinture véhicule un message, la mienne est un combat constant entre le beau et le laid, entre le bien et le mal. Un regard jeté sur une toile chantante, éclatante, chatoyante peut changer le cours des choses et engendrer un optimisme.

BL : Une œuvre d'art a toujours besoin d'un regardeur comme « complément de création » pour exister. Quelles attentes avez-vous de votre public et de sa réaction face à vos créations ?

IH : Ma toile n'est finie que lorsque je l'expose, car j'ai tendance à vouloir toujours la perfectionner, l'arranger et l'embellir. Cependant, je fais toujours en sorte de laisser le choix de l'interprétation au contemplateur et à sa sensibilité.

BL : Beaucoup d'artistes femmes s'engagent de plus en plus dans la société civile en faveur des adultes mais aussi des enfants. S'agit-il pour vous d'une manière de sortir le peintre de son atelier ? Quel serait le rôle du peintre, selon vous, dans la société marocaine d'aujourd'hui en particulier et dans le monde de façon générale ?

IH : Les artistes femmes ont un rôle important à jouer dans la société civile notamment auprès des enfants. L'art peut changer le cours des choses dans mon pays où je veux passer un message. Il y va de mon art comme d'une sorte de mission dont j'aurais à rendre compte tôt ou tard devant l'histoire.

Aussi, je me bats contre les mauvaises conditions de la femme en général, arabo-musulmane et marocaine en particulier. Je pense spécifiquement aux femmes en difficulté comme les femmes battues, divorcées, les femmes au foyer ou les femmes tout court. J'espère être encore de ce monde et voir s'imposer au Maroc l'égalité hommes/ femmes. Les lois ont changé, mais les mentalités sont encore sclérosées. La Moudawana a permis de faire un pas énorme en avant, mais il reste beaucoup à faire. Ainsi pour mettre en évidence ce combat, quand je peins une femme, elle n'a jamais de cheveux, car ceux-ci sont le symbole du beau et de l'esthétique. L'utilisation des couleurs vives constitue pour moi un cri d'alarme.

BL : La création féminine a connu depuis les années 90 un réel essor dans tous les domaines et particulièrement dans les Arts. Comment expliquez-vous cet engouement ? Est-ce que vous y voyez par exemple un changement de regard à l'égard des femmes, une libération et une prise en mains de leur propre destin ?

IH : L'implication des femmes artistes et leur engouement pour l'art sont le signe d'un changement de regard, une libération et une prise en mains de leur destin. Les femmes ont été à la pointe de la révolte dans le monde arabe. Paradoxalement, aux espérances des femmes lors du printemps arabe, les changements de gouvernements intervenus, notamment, en Tunisie et en Egypte ont contribué à dégrader leur situation. Dans mes dernières œuvres, j'exprime le refus de ce rôle de la femme orientale qui consiste à la restreindre à s'occuper de son harem et de son foyer.

Je m'intéresse à la femme marocaine en général, à une époque où on se replie sur soi. La femme m'inspire parce qu'on la sous-estime grandement et pourtant, elle a une fonction importante dans la transmission des valeurs, dans l'éducation, la formation des futures générations. Le rôle de la femme est souvent dévalorisé dans la plupart des sociétés actuelles, qui fonctionnent encore sur un modèle très patriarcal. Je ne suis pas dans la provocation. C'est plutôt uneprise de conscience ; une prise en mains de ma destinée.

BL : Comment voyez-vous l'avenir de la création artistique au Maroc et particulièrement la participation de la femme à l'histoire de cet Art ?

IH : l'artiste femme doit s'impliquer davantage dans la formation artistique notamment dans les cours de dessin au profit des élèves dans le primaire et secondaire. Elle a un rôle évident à jouer pour transmettre le goût de l'art et des belles choses. Je pense que l'art contemporain marocain notamment féminin ne peut qu'évoluer vers une expression libérée de toutes les contraintes académiques, la diversité par l'héritage culturel arabe, amazighe, juif, le partage, (mondialisation oblige), la pluridisciplinarité (création de nouveaux styles, de nouvelles approches, une multiplicité de formes et de supports). Je crois fermement en la fameuse formule prononcée en 1890 par le peintre français Maurice Denis : « Un tableau, avant d'être un cheval de bataille, une femme nue ou une quelconque anecdote, est essentiellement une surface plane recouverte de couleurs en un certain ordre assemblées. »

Iraki Laila

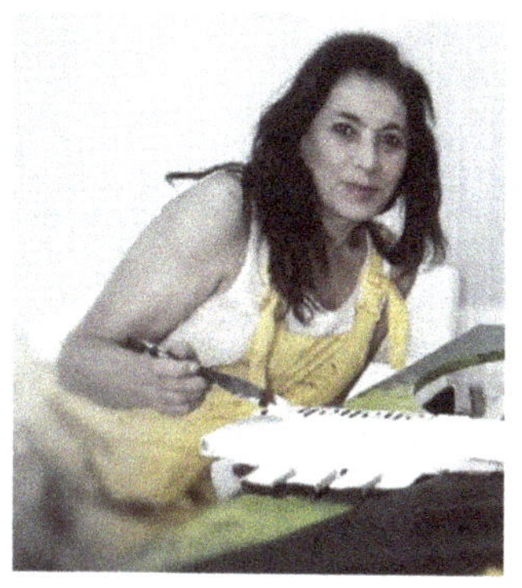

Laila Iraki fait partie de ces artistes autodidactes arrivées tardivement dans l'art après une carrière bien remplie. Docteur d'état es science, spécialisée en pharmacologie, sa passion pour la peinture ne l'a jamais quittée en réalité. Le point commun entre son métier et sa peinture c'est bien sûr l'humain. Pour elle, la peinture est un chez-soi où s'expriment les émotions de l'artiste dans un monde angoissant. C'est pour se libérer de cet ombrage que la peinture devient chez elle un exercice exigeant. Dans un style que certains qualifient de figuration informelle, l'artiste aborde souvent sa toile par le biais de la composition avant d'y inscrire les personnages, les matériaux et les couleurs toujours chatoyantes. Dans sa peinture se pose avec force la question du rapport de l'objet au monde à travers l'agencement des couleurs et les rapports d'espaces. La peinture devient ainsi pour elle le moyen de s'évader de l'espace-temps et de l'environnement socio-culturel et politique qui est de plus en plus agressif aussi bien sur le plan visuel que verbal. Les questions des droits de l'homme en général et de la femme en particulier reviennent souvent dans ses œuvres. Il y a là un véritable désir de donner naissance à un espace spirituel dont l'enjeu est de mettre en exergue la tolérance susceptible d'instaurer des rapports plus apaisés entre les humains. Cette idée structure l'espace de la toile. Elle se manifeste par la présence de l'écriture, des tablettes, du corps de la femme avec chaque fois les cheveux détachés et cet œil qui symbolise la vigilance. C'est ce désir de l'humain qui est, on ne peut plus, la matrice de l'esthétique de Laila Iraki.

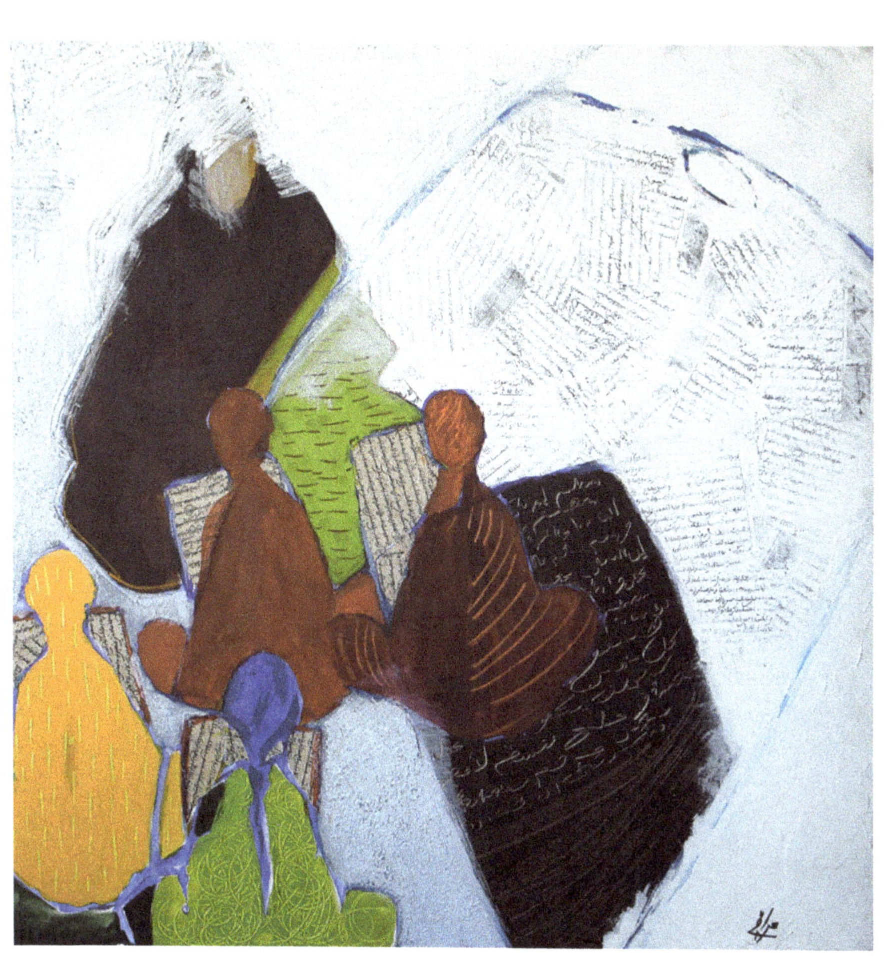

BL : Pour commencer notre échange, j'aimerais revenir avec vous sur votre enfance et votre parcours scolaire. Qui est Laila Iraki ?

IL : Je suis native de la ville de Fès. J'ai grandi dans une famille où les études, l'excellence et le dépassement de soi faisaient partie du quotidien. Pour mon père et ma mère, allah ayrhamhoum, faire des études littéraires étaient exclu, encore moins les études artistiques. De plus, comme j'étais l'ainée de la famille, il fallait montrer l'exemple. J'ai donc fait mes études primaires et secondaires à Rabat où j'ai vécu jusqu'à mon mariage.

Habitant à Mohammedia, je n'ai pas pu continuer mes études correctement, car je devais faire la navette et c'était trop contraignant. J'ai donc commencé à enseigner. Quand mon dernier enfant est rentré à la crèche, j'ai repris mes études et passé mon doctorat de 3è cycle et un doctorat d'état en pharmacologie. J'ai intégré la faculté de médecine en tant qu'enseignante, jusqu'à mon départ volontaire en 2005.

BL : Comment s'est fait le choix de la peinture? Qu'est-ce qui a motivé cette orientation ?

IL : L'art a toujours été une passion pour moi. J'ai toujours été un peu artiste, puisque je passais mon temps à griffonner des esquisses, fréquenter les galeries et les musées. Par manque de temps, je n'ai pas pu me consacrer entièrement à cette activité.

Après le départ volontaire, c'était devenu une nécessité. Il fallait absolument s'y mettre. J'ai donc pris des cours académiques avec des artistes chevronnés pendant un certain nombre d'années pour avoir les techniques de base dans la peinture, la gravure, le monotype, la sérigraphie et la sculpture.

BL : Remonter à l'enfance, c'est aussi retrouver la trace des passions, des personnes qui ont compté pour vous et qui ont forgé votre personnalité ou du moins qui vous ont ouvert les yeux sur l'art et la culture en général. Est-ce que vous pouvez nous expliquer votre cheminement et les différentes étapes de votre parcours artistique ?

IL : J'ai toujours été entourée d'hommes inspirants dont certains ont été essentiels dans mon parcours autant personnel que professionnel. Ces mentors m'ont appris, la persévérance et la confiance en soi. Ils ont été pour moi les moteurs les plus précieux. Donc, très vite, j'ai eu l'envie de me mettre au-devant de la scène artistique. Ainsi, j'ai eu l'audace d'exposer en individuelle pour ma première exposition en février 2011 à la galerie de la commune d'Anfa à Casablanca. Depuis, j'ai enchainé les expositions aussi bien collectives, qu'individuelles, au Maroc et à l'étranger. En parallèle, je suis très active dans le milieu associatif en lien avec la santé. Faire du bien autour de moi est quelque chose de primordial. Me dire que je suis utile est un sentiment qui me fait du bien.

BL : Aujourd'hui, l'observateur attentif à l'évolution de votre travail constate un glissement du figuratif vers l'usage de techniques polymorphes à la lisière du figuratif-abstrait. A quoi cette perception correspond-elle chez vous ?

IL : Au début, mon travail était purement académique, avec une représentation des paysages et des monuments historiques, (Fès, Rabat, Azemmour.....). J'ai commencé par travailler avec le couteau en utilisant la peinture à l'huile encadrée par Mr Afif Bennani que je remercie infiniment. Avec le temps et ayant pris des cours avec d'autres peintres, je suis passée à l'acrylique qui est une peinture plus facile à utiliser et surtout qui sèche plus vite, car je suis toujours pressée de voir le résultat. Là j'ai commencé à créer mes personnages et utiliser d'autres techniques.

BL : Quand vous commencez un travail, comment vous procédez ? Est-ce qu'une idée précède le premier geste, une émotion particulière, une ambiance ? Y a-t-il un temps de gestation avant le travail en atelier ?

IL : Je commence un travail quand j'en sens vraiment le besoin. C'est toujours un déclic qui me pousse à démarrer une toile. Ça peut être après une belle soirée, un vernissage, une exposition, visite d'amis artistes, etc. Je suis de ces artistes qui commencent une toile spontanément. Je pense que la gestation se fait au cours de ma recherche où j'emmagasine le maximum d'informations. En général, pendant l'exécution d'une œuvre, mon travail se transforme en fonction de mon humeur. La première chose que je fais sur la toile, c'est d'imaginer la composition. Après, le sujet et les personnages arrivent au fur et à mesure. Les matériaux et les couleurs viennent ensuite, au gré de l'instant présent, sauf que les couleurs restent toujours des couleurs vives et chatoyantes.

BL : les œuvres contemporaines des artistes femmes marocaines sont nourries d'une volonté de détachement des règles. Cette remise en question des limites des canons académiques, leur permet tantôt de passer d'une forme à une autre, tantôt d'en explorer plusieurs en même temps. Ce regard libre introduit une certaine distance vis-à-vis de l'espace-temps et de l'environnement socio-culturel et politique. Dans quelle mesure votre peinture intègre-t-elle cette notion de liberté ? Quelle est la place du corps dans vos créations ?

IL : La peinture pour moi est le moyen de m'évader de l'espace-temps et de l'environnement socio-culturel et politique qui est de plus en plus agressif aussi bien sur le plan visuel que verbal. La toile me permet d'exprimer ma spiritualité et ma marocanité. De tout temps, j'ai été militante des droits de l'homme et surtout le droit de la femme. D'ailleurs, même si j'ai choisi le départ volontaire, je continue à faire partie du Comité d'éthique de la Faculté de Médecine de Casablanca où je peux continuer à défendre les droits des patients face à la recherche.

BL : Dans le prolongement de la précédente question, dans vos travaux il y a une dimension religieuse qui est assez forte. Elle est présente par la notion de verticalité et le graphisme, mais aussi la place que vous réservez aux deux sexes dans vos toiles. Que cherchez- vous à exprimer par cette façon de faire ?

IL : La plus part de mes œuvres représentent une femme avec les cheveux lâchés tenant une tablette coranique et avec un grand œil ouvert. Dans ma peinture je représente ma religion. Je suis musulmane pratiquante. Je parle de l'islam que m'ont transmis mes parents, allah yarhamhoum, c'est-à-dire un islam tolérant qui privilégie le respect, l'entraide et le partage entre tous les humains. L'œil ouvert sur mes toiles est le moyen de dire aux femmes de rester vigilantes sur leurs droits menacés par les extrémistes. D'ailleurs, je n'hésite pas à militer au cours de mes expositions sur ce thème, surtout à l'étranger où on a un regard erroné sur la femme musulmane.

Pour moi, les plus belles expériences de mon cursus artistique ont été mes expositions au Festival des musiques sacrées, au festival du soufisme de Fès, et celui à la biennale du salon d'automne à Sarria sur le chemin de Compostelle où le thème était la tolérance. J'étais vraiment dans mon élément.

BL : Une œuvre d'art a toujours besoin d'un regardeur comme « complément de création » pour exister. Quelles attentes avez-vous de votre public et de sa réaction face à vos créations ?

IL : Le regard des autres est très important pour tout artiste, aussi bien celui des confrères, des connaisseurs que des non connaisseurs. Au cours d'une exposition le contact des visiteurs vous permet de prendre le pouls de votre travail. Toute critique est à prendre en compte et pour moi c'est la seule façon d'évoluer.

BL : Beaucoup d'artistes femmes s'engagent de plus en plus dans la société civile en faveur des adultes mais aussi des enfants. S'agit-il pour vous d'une manière de sortir l'artiste de son atelier ? Quel serait son rôle, selon vous, dans la société marocaine d'aujourd'hui en particulier et dans le monde de façon générale ?

IL : Aujourd'hui, il est de plus en plus admis que l'art peut sauver le monde, surtout s'il est introduit précocement. Il faut que l'art soit introduit à l'école primaire pour apprendre aux enfants à apprécier le beau, s'exprimer par la peinture et s'extérioriser. Cet enfant respectera la nature pour la garder belle. Il va se défouler sur la toile et non sur ses amis ou ses parents. La thérapie par la peinture est universellement reconnue et pratiquée. L'art nécessite de la rigueur, et du respect.
C'est pourquoi actuellement on voit davantage d'artistes avec une majorité de femmes s'engager de plus en plus dans la société civile pour promouvoir l'art. C'est aussi un besoin d'évasion et de liberté et pour avoir leur propre jardin secret.
La femme a toujours été présente dans les domaines créatifs, stylisme, architecture, désigne, l'art visuel….

Depuis quelques décennies, elle est de plus en plus présente dans l'art pictural et c'est une très bonne chose parce que, plus que l'homme, elle va transmettre systématiquement son amour et sa passion pour l'art à son entourage et à ses enfants. Je déplore une chose dans ce domaine, c'est que les confrères artistes hommes ont un regard machiste sur les artistes femmes. Pour eux la femme se consacre à l'art par plaisir et non par nécessité. Donc, selon eux, elles ne peuvent être et ne resteront que des amatrices.

Kabbaj Khadija

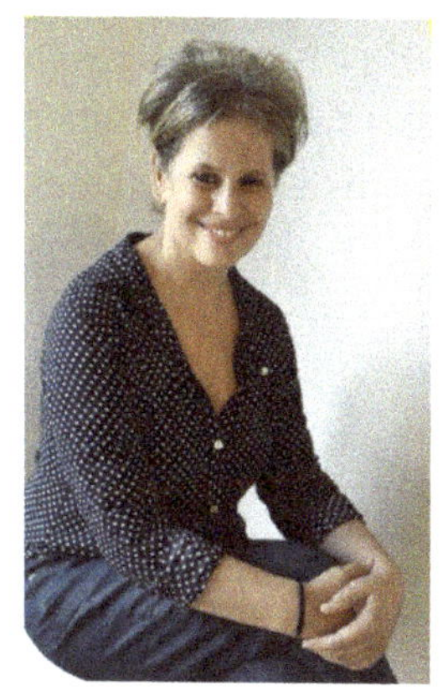

Khadija Kabbaj est une artiste qui occupe une place particulière dans le champ artistique marocain contemporain. Chez elle, force est de constater que l'art et le design sont intimement liés. Cette artiste talentueuse nous enchante avec ses créations comme d'autres nous enivrent avec leurs poèmes. Ses œuvres se donnent à voir comme une réflexion, nous dit-elle, sur le conformisme sociétal. Une manière d'attirer l'attention aussi sur l'emprise de la pensée unique qui érige les stéréotypes en règles stériles.

En tant que plasticienne et designer, elle passe souvent d'un univers totalement abstrait à un univers fonctionnel. Ses objets racontent des histoires qui illuminent notre quotidien. En tant que créatrice, la mémoire collective est incontestablement le creuset de son inspiration. Aussi, ses œuvres ont une histoire. Chaque fois qu'elle en parle, elle revient avec douceur et reconnaissance sur les personnes avec qui elle travaille, car dit-elle, au-delà de l'aspect final de l'objet, son ergonomie, son esthétique, sa fonctionnalité ou ses techniques de fabrication, l'art c'est avant toute chose, l'histoire d'hommes et de femmes, de rencontres, d'échanges, d'amour et de complicité. Derrière chaque objet il y a de l'humain avec une histoire et une poésie.

Par ailleurs, l'alliance entre tradition et modernité est évidente dans sa conception artistique. Cependant, elle refuse de s'enfermer dans toute revendication identitaire. Ce qui l'intéresse c'est de repositionner des matériaux naturels locaux et de se référer à des objets symboles qui sont inscrits dans notre mémoire collective. Une manière de donner un nouveau souffle à tous ces matériaux qu'elle utilise dans une perspective plus moderne.

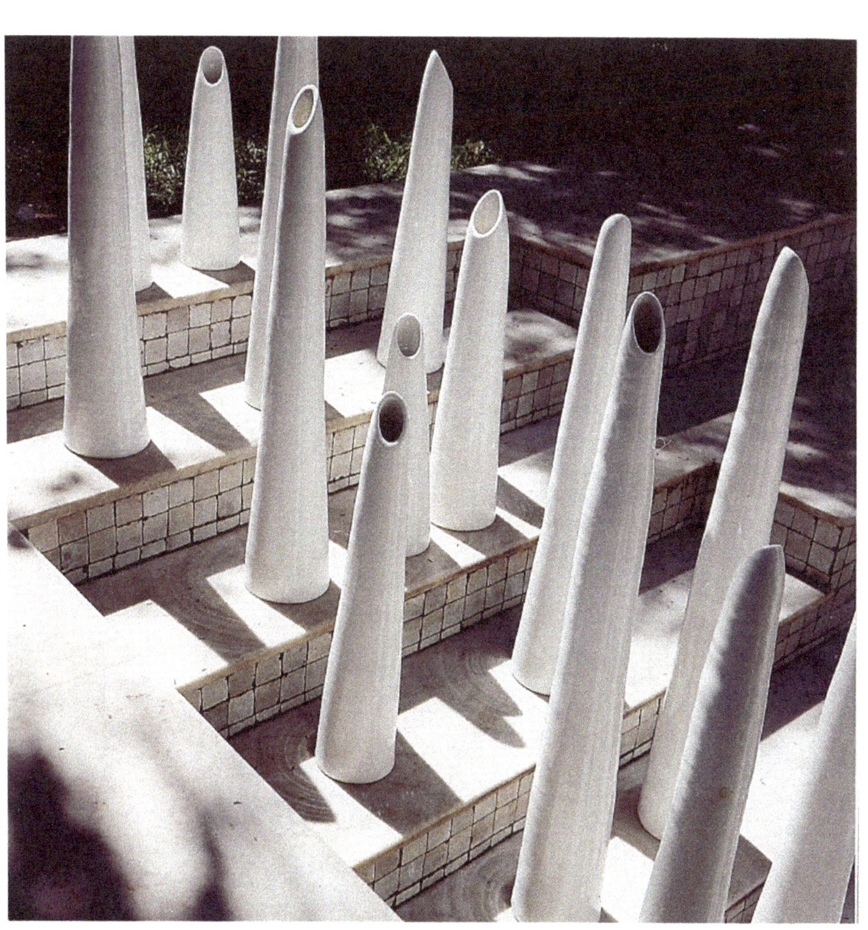

BL : Pour commencer notre échange, j'aimerais revenir avec vous sur votre enfance et votre parcours scolaire. Qui est Khadija Kabbaj ?

KK : Enfant, j'étais un peu sauvage, je n'allais pas facilement vers les autres. Un peu dans ma bulle. J'étais une rêveuse qui aimait prendre le temps pour tout. Je ne supportais pas qu'on me presse. Déjà toute petite, j'adorais travailler avec mes mains. Je me souviens qu'on m'avait offert une minuscule machine à coudre rouge qui marchait bien. Elle me permettait de réaliser, à partir de chutes de tissus, des petites choses bien drôles.

Au primaire, j'attendais le cours d'arts plastiques avec impatience. C'était pour moi un pur bonheur de manier la matière, la couleur et de voir toutes les possibilités de créations à partir d'éléments basiques. J'étais vraiment dans mon élément.

J'ai suivi ma scolarité dans un cadre plutôt strict puisque j'ai fréquenté durant mon enfance et mon adolescence des écoles de bonnes sœurs et des pères qui étaient très à cheval sur la discipline et le respect d'autrui. Je pense avoir acquis quelques éléments essentiels.

BL : Diplômée de l'Ecole des Beaux-arts au Campden Art Center et de stylisme à la Central School of Fashion. Qu'est-ce qui a motivé cette orientation ?

KK : A la fin de mon secondaire, je voulais prendre mon envol et partir à la découverte d'un nouvel univers qui m'était complètement inconnu. J'avais donc choisi Londres. Je ne parlais pas très bien la langue et je ne connaissais pas leur culture, à part les stéréotypes qu'on nous avait inculqués, du type Londres est toujours sous la brume, et que les hommes étaient toujours très bien habillés pour aller au travail. En trois ans je n'avais jamais vu de brume et les hommes étaient habillés normalement et même plutôt punky selon les quartiers (rires).

Nouvel horizon, nouvelle vie et un air de liberté s'annonçait. Le choix de mes études s'est fait naturellement. Je me suis orientée vers ce qui me plaisait, à savoir les beaux-arts. Je me suis donc inscrite à

Camden Art Center et en parallèle à l'école de stylisme Central School of Fashion.

BL : Remonter à l'enfance, c'est aussi retrouver la trace des passions, des personnes qui ont compté pour vous et qui ont forgé votre personnalité ou du moins qui vous ont ouvert les yeux sur l'art et la culture en général. Est-ce que vous pouvez nous expliquer votre cheminement et les différentes étapes de votre parcours artistique ?

KK : Dans ma petite enfance, je n'ai pas forcément baigné dans un milieu artistique, ce n'est qu'une fois à Londres que j'ai approché le milieu de l'art. Je passais beaucoup de temps dans les musées et les galeries où j'ai découvert les œuvres de grands artistes. De retour au Maroc, j'ai travaillé dans une galerie d'art qui m'a permis de connaître une grande majorité d'artistes marocains ainsi que leurs travaux. Quelques temps après, j'ai eu envie de créer du mobilier, plus de vingt ans plus tard, je continue à le faire.

Je rappelle que j'ai eu un parcours assez particulier dans le sens où je suis parvenue au design un peu par hasard. J'ai étudié dans une école des Beaux-Arts puis dans une école de mode à Londres, pensant qu'un jour j'allais devenir créatrice de mode. Il n'en est rien du tout cela aujourd'hui. Tout a commencé un jour lorsque je dessinais du mobilier pour chez moi. Ce fut l'occasion de réaliser mes premiers meubles chez un artisan du coin. Petit à petit je me suis prise au jeu, puis ce jeu est devenu une passion et ensuite une raison d'être. Aujourd'hui, j'en fais mon métier et je porte une double casquette, puisque je suis plasticienne et designer.

Je me souviens encore de mes premières créations. J'avais réalisé des chaises en métal aux formes géométriques toutes différentes les unes des autres en référence à Mondrian et à Kandinsky.

BL : Votre démarche artistique s'abreuve de la société dans laquelle elle est ancrée. Vous vous intéressez entre autres aux stéréotypes en général et à la question du corps de la femme dans la société en particulier. De ce fait, la question identitaire dans ses différentes dimensions est au cœur de vos préoccupations. Pourquoi cet intérêt pour la femme et quelles en sont les motivations ?

KK : Du côté des arts visuels, mes œuvres penchent vers la tendance conformisme qui se manifeste chez tous les groupes sociaux. L'individu, cloné sans limites, est enfermé dans une enveloppe stéréotypée, reflet d'une pensée unique. La série « Parce que les fleurs sont périssables » est une réflexion qui part de la représentation du corps dans la société dont il est issu pour aboutir à une généralisation. Quelle que soit la société, l'identité sociale prend le dessus sur la singularité individuelle. Dans ces œuvres, le corps est parfois dissimulé, quasi inexistant, ou bien au contraire exagérément affiché, imposant.

BL : Dans vos créations, vous vous intéressez aux différentes formes du design. Pourriez-vous nous décrire votre travail et ce qui le caractérise ?

KK : En tant que plasticienne et designer, je peux passer d'un univers totalement abstrait à un univers fonctionnel. Dans le monde du design, lorsque je crée un objet, je raconte des histoires qui commentent nos vies quotidiennes. En tant que créatrice, je puise mon inspiration dans la mémoire collective. Je ne peux parler de mes créations sans évoquer les personnes avec qui je travaille, car au de-là de l'aspect final de l'objet, son ergonomie, son esthétique, sa fonctionnalité ou ses techniques de fabrication, pour moi, le design est une histoire d'hommes et de femmes de rencontres, d'échanges, d'amour, de complicité, car derrière chaque objet il y a de l'humain avec une histoire et une poésie.

Avant de voir mes créations prendre forme, je vais à la rencontre d'artisans passionnés par leur métier, je pousse la porte de leur atelier, je découvre des savoir-faire pointus et je partage des instants intenses. Mes créations sont rarement le fruit d'une invention pure et simple, mais celui d'une richesse de ressources humaines, de rencontres et l'univers dans lequel je baigne.

BL : A l'heure des nouvelles technologies, le monde est désormais un village connecté ce qui n'est pas sans influencer nos modes de vie, mais aussi la création. Les œuvres contemporaines des artistes femmes marocaines sont nourries de cette volonté de s'inscrire dans cette universalité tout en revisitant leur patrimoine culturel. Dans votre approche de réinterprétation des objets de l'artisanat marocain on peut retrouver cette préoccupation. Quelle place occupe le patrimoine marocain dans vos créations ?

KK : Être designer marocaine ne veut pas forcément dire être dans une démarche de marocanité. La création est universelle comme vous le précisez. De par ma double culture, l'alliance entre tradition et modernité me semble évidente sans pour autant vouloir affirmer ou revendiquer une quelconque identité. Je me réfère souvent à des objets symboles qui sont inscrits dans notre mémoire collective. Ce qui m'intéresse c'est de repositionner des matériaux naturels locaux. Ainsi le jonc, utilisé habituellement dans la fabrication de petits objets, peut trouver un nouveau souffle dans un mobilier très moderne.

BL : Beaucoup d'artistes femmes s'engagent de plus en plus dans la société civile en faveur des adultes mais aussi des enfants. S'agit-il pour vous d'une manière de sortir l'artiste de son atelier ? Quel serait son rôle, selon vous, dans la société marocaine d'aujourd'hui en particulier et dans le monde de façon générale ?

KK : Mon expérience au fil des années m'engage de plus en plus dans des projets participatifs aussi bien dans le milieu rural qu'urbain. En 2010, j'ai mis en place mon association « Extramuros l'Art et la Culture pour tous », plate-forme permanente d'échanges, de propositions, de réflexions et de transmission. À partir de rencontres, d'ateliers de création, de réflexions et d'envies communes, je travaille dans une dynamique collective autour de la question du vivre ensemble. A travers des projets socio-culturels et artistiques comme le travail de la vannerie en milieu rural, l'amélioration du savoir faire du travail manuel au féminin et le réaménagement participatif de jardins publics.

BL : Est-ce que vous y voyez par exemple un changement de regard à l'égard des femmes, une libération et une prise en mains de leur propre destin ?

KK : Je ne me pose pas la question en ces termes-là, je précise que pour moi comme pour d'autres artistes femmes, les choses se passent de manière naturelle. Quand on dit « femme » on pense souvent barrières et confrontation. Or je travaille beaucoup avec des hommes en parfaite harmonie. Il y a une relation d'individu à individu. Les marocaines de notre génération ont fait un pas immense en brulant toutes les étapes (par opposition aux européennes qui se sont libérées petit à petit). Le plus important pour nous est de nous adapter à la modernité en faisant évoluer les choses hors du champ de la confrontation.

Kermadi Maria

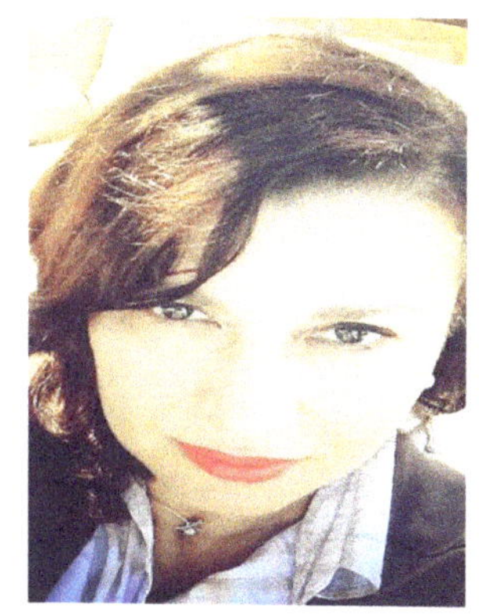

La peinture de Maria Kermadi fait partie de sa vie depuis son jeune âge. Dès ses premières créations, la place de ce que Kandinsky appelle une « vérité intérieure » s'impose à travers une palette chaude qui ne l'a jamais vraiment quittée. Chaque œuvre est une ode aux couleurs chatoyantes empruntées de sensations profondes qui s'abreuvent dans les territoires marocains qui l'ont vue naître. Depuis sa période académique, elle n'a cessé de restituer dans ses toiles ces empreintes dans lesquelles le soi et les choses du monde demeurent indissociables. Si son souffle se déploie dans toute sa splendeur aujourd'hui dans l'abstrait, on ne peut pas parler pour autant de rupture avec ses premières créations figuratives. La peinture de Maria Kermadi est une construction patiente et passionnante faite d'enroulements tel un ressac se brisant constamment sur les parois de son âme sensible. La technique de la période académique est toujours présente et soutient en profondeur les émotions les plus explosives. Dès 2011 ses réalisations se libèrent, en effet, partiellement de la référence au réel pour laisser place à des œuvres abstraites où la couleur et la réduction des impressions à ce qui est capital s'édifient. Son approche chromatique qui rappelle sa terre natale qui n'est jamais lointaine et la qualité de son geste donnent naissance à une vibration intérieure indissociable de cet espace qui n'a d'intérêt pour elle que dans la mesure où il se traduit dans ses créations en tant qu'un « dehors du dedans » selon l'expression consacrée de Merleau Ponty. De ce fait, il y a dans le coup de pinceau de Maria Kermadi une urgence fiévreuse qui la transforme de l'intérieur tout en transfigurant le monde qui l'entoure et l'interpelle par ses violences, ses déchirures, ses amours et ses désillusions.

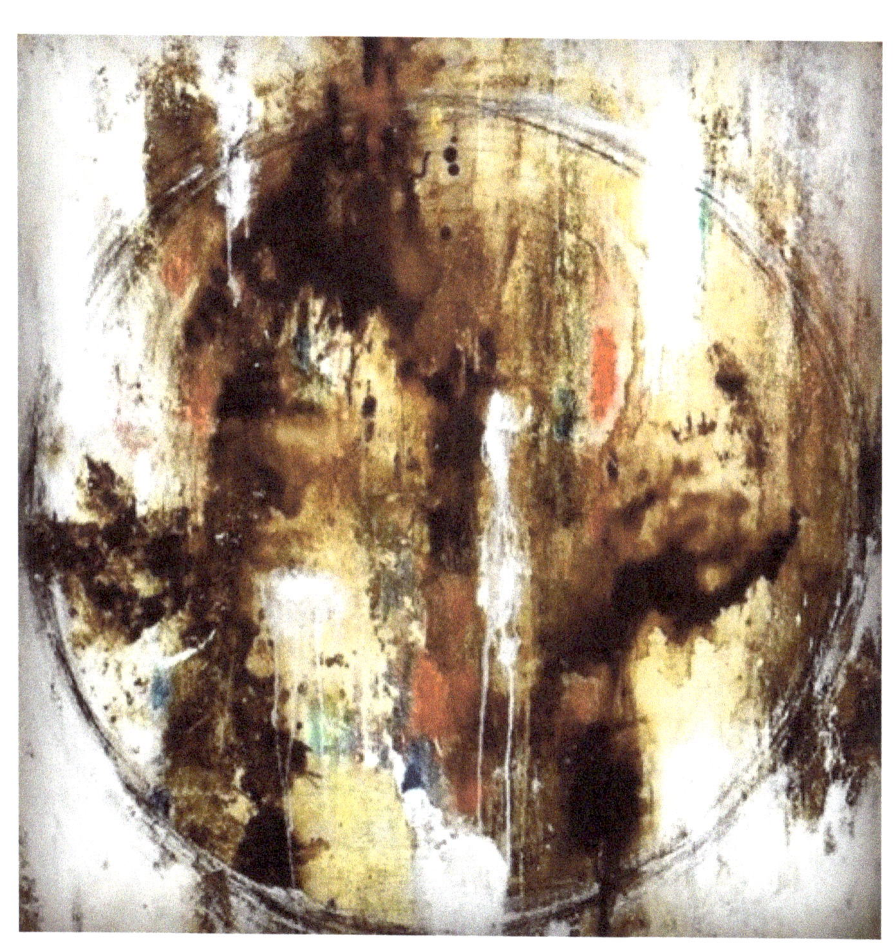

B L : Pour commencer notre échange, j'aimerais revenir avec vous sur votre enfance et votre parcours scolaire. Qui est Maria Kermadi ?

KM : J'ai un parcours scolaire normal. On me raconte qu'en crèche à deux ans et demi, on me raconta que j'avais déjà une palette de couleurs. J'ai donc toujours dessiné depuis toute petite. Au collège, je me souviens que j'ai été souvent réprimandée par mes professeurs, car je passais mon temps à dessiner. J'ai eu mon bac science économique et par la suite j'ai suivi mes études dans la comptabilité, car il fallait avoir un métier. C'est un peu plus tard que j'ai décidé de suivre des études dans l'histoire de l'art. J'ai eu l'occasion aussi de me former auprès de très grands maitres dans différents ateliers aussi bien à Paris qu'à Besançon.

BL : Comment s'est fait le choix des arts plastiques? Qu'est-ce qui a motivé cette orientation ?

KM : Je pense que je tiens cette fibre artistique du côté maternelle. Ma mère m'a toujours parlé de mon oncle qui était psychiatre et sculpteur très doué en même temps. J'ai deux autres oncles qui sont avocats tous les deux et qui sont peintres également.

Ma mère m'a toujours soutenue et m'a encouragée. C'est une femme passionnée par les arts et qui appréciait particulièrement la peinture. À Safi où j'ai grandi, elle m'entraînait chaque fois dans le milieu de la poterie. Elle adorait tellement ça qu'elle a une collection chez nous. Elle fréquentait tous les maîtres potiers dont elle connaissait parfaitement la valeur du travail.

J'aimais voir ces potiers malaxer la matière et j'aimais particulièrement les couleurs et surtout l'ocre et le bleu de Safi ainsi que la symbolique des dessins. Je pense que j'ai intégré cet univers qui m'a toujours habité et qui a ouvert mes yeux sur l'art. J'ai la chance aussi d'être le fruit de plusieurs régions du Maroc. Mon père est de Taza, ma mère est de Fez et j'ai grandi à Safi. Cette multiple appartenance est formatrice.

BL : Remonter à l'enfance, c'est aussi retrouver la trace des passions, des personnes qui ont compté pour vous et qui ont forgé votre personnalité ou du moins qui vous ont ouvert les yeux sur l'art et la culture en général. Est-ce que vous pouvez nous expliquer votre cheminement et les différentes étapes de votre parcours artistique ?

KM : Il ya bien évidemment ma mère comme je viens de vous le dire, mais aussi Maître Beget, peintre et architecte qui m'a beaucoup apporté. Quand je fréquentais son atelier, j'avais tendance à reproduire le travail des autres. Je n'avais pas encore confiance en moi. Un jour, il a pris ma main et m'a demandé de tout « destroyer », terme qu'il utilisait souvent. Il a cru en moi et m'a aidé à prendre conscience de mes moyens. C'est ainsi que j'ai découvert mon propre style. Ce fut une étape importante dans mon apprentissage. J'ai été influencé par plusieurs peintres comme Klimt et tout le travail qu'il a accompli sur la femme, Frida kahlo et aussi le génie de Dali qui frôle la folie. Je suis aussi impressionnée par Picasso. La recherche de ce dernier qui peut paraître simple mais pas simpliste est le résultat d'un long travail de recherche. C'est cette perfection pure qui me touche chez lui.

BL : Quand vous commencez un travail, comment procédez-vous ? Est-ce qu'une idée précède le premier geste, une émotion particulière, une ambiance ? Y a-t-il un temps de gestation avant le travail en atelier ?

KM : Quand je me mets à peindre, je peux travailler sur un tableau comme je peux en commencer plusieurs à la fois. Ce n'est jamais décidé à l'avance sauf quand je fais des recherches pour un sujet particulier. Quand je rentre dans mon atelier pour peindre sans commande au préalable, je me laisse guider par mes émotions. J'ai un rituel immuable. Je mets souvent de la musique, de l'encens et des bougies, puis je me lance sur trois à quatre tableaux. En général j'en finis un seul et puis les autres peuvent trainer jusqu'à un an des fois. Tout dépend de mon inspiration. Il m'arrive d'abîmer des toiles, car je pousse le bouchon trop loin. Je suis une éternelle insatisfaite. Des fois je pars d'un sujet et je termine sur quelque chose qui n'était pas prévu. Ce sont mes émotions du moment qui me guident.

BL : La permanence du corps est un des traits saillants de la création artistique contemporaine des femmes marocaines. Qu'il soit creuset d'une histoire culturelle, objet de tensions politiques et sociales, corps de l'artiste scénarisé lui-même ou médium entre soi et l'autre, le corps renvoie aussi à l'éternelle place de l'homme dans le monde avec ses joies mais souvent ses tragédies. En quoi votre réflexion par exemple sur la femme comme métaphore - l'exemple à Baghdâd- révèle-t-elle cette préoccupation ?

KM : Ma peinture est souvent habitée par l'image de la femme, car c'est à ma mère que je pense chaque fois comme quelqu'un de libre, d'émancipé, de courageux, capable de gérer toute une famille. Aussi, à travers l'histoire, la femme a toujours fait preuve de son courage dans tous les domaines malgré les injustices dont elle est la cible. Quand j'ai voulu par exemple parler de Baghdâd victime de la guerre, c'est l'image d'une femme qui s'est imposée à moi. Quand j'ai travaillé sur la question de la fertilité, j'ai pensé tout de suite aux déesses mères dans l'antiquité pour exprimer cette place importante que la femme a toujours occupé dans toutes les sociétés. Cette métaphore est de ce fait tout le temps présente dans mon travail. Je peux dire que ma peinture est traversée par des préoccupations féministes.

BL : La création féminine a connu depuis les années 90 un réel essor dans tous les domaines et particulièrement dans les Arts. Comment expliquez-vous cet engouement ? Est-ce que vous y voyez par exemple un changement de regard à l'égard des femmes, une libération et une prise en mains de leur propre destin ?

KM : Avant, les artistes femmes se comptaient sur les doigts de la main. On a assisté ces dernières années à une explosion du nombre de femmes artistes. Qu'elles soient issues des grandes écoles ou autodidactes, elles ont toutes besoin d'exprimer leur désir de liberté ou de défendre des causes. Certaines suivent aussi des cours auprès de grands artistes marocains pour le simple plaisir de l'art. On les retrouve également dans de nombreux symposiums. Je suis très contente en tant qu'artiste femme de voir de plus en plus d'artistes s'imposer par leur talent dans un milieu qui était dominé par les hommes.

Par ailleurs, cette explosion n'est qu'une partie visible de l'icberg de tout ce qui se passe au Maroc. Le pays a beaucoup évolué et les mentalités se sont libérées. Les femmes sont donc présentes dans tous les domaines. Cette liberté se retrouve dans le domaine artistique où elles osent maintenant aborder tous les sujets y compris le nu.

BL : Comment voyez-vous l'avenir de la création artistique au Maroc et particulièrement la participation de la femme à l'histoire de cet Art ?

KM : Je suis très confiante en l'avenir du Maroc sur un plan artistique. Il est certain que tout le monde ne va pas connaître la notoriété. Avoir un style à soi qui permette d'exprimer pleinement son talent n'est pas donné à n'importe qui. Ceci est une réalité. Que les femmes fassent ce qu'elles veulent est déjà en soi énorme. Les hommes reconnaissent aussi le talent de toutes ces femmes artistes, poètes, écrivaines…etc.

Lemseffer Ahlam

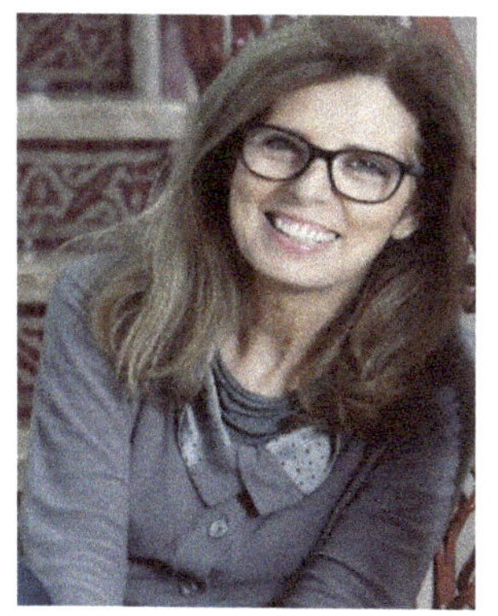

Artiste accomplie, Ahlam Lemseffer fait preuve d'une fabuleuse force de création qui s'exprime avec vitalité et délicatesse aussi bien dans la peinture, la sculpture que dans ses différentes installations. Ses créations s'enracinent dans l'océan et les forêts de son enfance. C'est de ces espaces que provient cette fascination pour la lumière qui n'a jamais cessé de hanter son œuvre. En effet, si depuis le milieu des années 90, sa peinture s'était mise à se fragmenter, l'éloignant de plus en plus de la représentation à davantage de créations abstraites, l'artiste reste habitée par ce désir permanent d'exprimer d'intenses émotions qu'elle cherche à partager avec les autres. Cultivant un esprit d'ouverture empreint d'un profond humanisme, elle s'inspire aussi bien de la culture africaine que de l'héritage artistique occidental. Dans sa démarche plastique, elle poursuit sans relâche cette part indicible de son être se métamorphosant en souffle vertigineux qui happe et saisit, bruissements silencieux d'une œuvre paisiblement tourmentée. Les créations d'Ahlam ne laissent jamais indifférent devant la force et la vigueur contenues qui en émanent. De cette force surgit une peinture authentique dont l'âme aspire à transmettre une flamme, à émouvoir. Une quête qui n'est pas sans nous rappeler l'idée d'un certain Antonin Artaud pour qui la création permet de « fuir le clair pour éclairer l'obscur ».

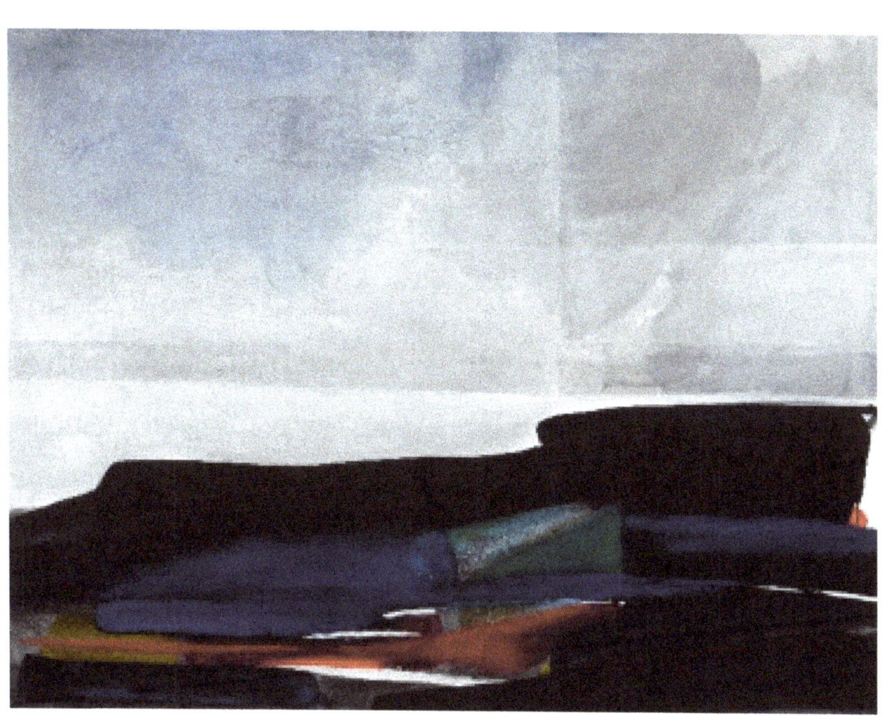

BL : Pour commencer notre échange, j'aimerais revenir avec vous sur votre enfance et votre parcours scolaire. Qui est Ahlam Lemseffer ?

LA : Ma tendre enfance, je l'ai vécue à El Jadida, avec des parents mélomanes et une ambiance de fervent nationalisme. S'en est suivi une scolarité primaire et secondaire à Casablanca après le retour de l'exil de mon père. Dès l'âge de 17 ans, je me suis retrouvée à Paris Vincennes, pour préparer une licence de littérature anglaise. Ensuite, ce furent les ateliers de dessin du quartier des Beaux-Arts que j'ai fréquentés jusqu'à mon retour au Maroc.

BL : Si vous prêtez votre voix à Georges Perec, que diriez-vous pour compléter le fameux exercice de mémoire : « je me souviens » ?

LA : Je me souviens du calme de l'océan à El Jadida où enfant je courais sur le sable et barbotais dans les petites vagues qui mouillaient le sable à mes pieds.

Je me souviens de la forêt où nous allions souvent camper avec mes parents, de ses grands arbres, du bruit des feuilles sèches de ces arbres sous mes pas, de ses clairières dont la lumière me fascinait déjà et ne m'a jamais quittée depuis.

Je me souviens de mon père au piano, d'une maison pleine d'artistes, chanteurs et poètes.

Je me souviens que je ne m'ennuyais jamais.

BL : Remonter à l'enfance, c'est aussi retrouver la trace des passions, des personnes qui ont compté pour vous et qui ont forgé votre personnalité ou du moins qui vous ont ouvert les yeux sur l'art et la culture en général. Est-ce que vous pouvez nous expliquer votre cheminement et les différentes étapes de votre parcours artistique ?

LA : Mon père au piano et la musique de Mohamed Abdelwahab. Ce sont des berceuses qui allaient marquer mon parcours. A la question de savoir si je ne m'étais pas engagée dans les arts plastiques, ce que j'aurais voulu faire ? Chanteuse ! Ai-je répondu. Je travaille toujours avec de la musique. Je crois que c'est elle la « personne » qui m'a ouvert les yeux sur l'art. La musique, avec tous ces chanteurs et compositeurs qui faisaient partie de notre vie : Ahmed El Bidaoui, Abdelkader Rachdi, Abdelwahab Agoumi, WajihFahmi Salah, etc.

Le théâtre aussi avec des pièces écrites par mon père et jouées par ses amis. Je me souviens que je prenais des bouts de tissu, des bâtons, de la ficelle, et je confectionnais des poupées marrantes. Ces petites occupations me procuraient une satisfaction immense.

BL : Comment s'est fait le choix des études d'arts plastiques à Paris ? Qu'est-ce qui a motivé cette orientation ?

LA : Ce sont les arts plastiques qui m'ont choisie, parce qu'en réalité j'étais allée à Paris pour suivre des études de lettres à l'université de Vincennes où j'ai préparé une licence de littérature anglaise.
Même si enfant j'avais déjà des prédispositions pour l'art -j'adorais fabriquer des choses de mes mains-, il fallait opter pour des études plus « sérieuses » par rapport à la société marocaine de l'époque. Seulement, certaines activités dans cette université pilote tels que les exercices d'expression corporelle, ainsi que la fréquentation du quartier des Beaux-arts, St Germain où se trouvait l'école de mon compagnon, m'ont tout à fait ramenée à ce qui a toujours été ma passion première : l'art.

BL : Parlez-nous un peu de votre formation académique et des principales influences sur votre art ? Vos premières créations ?

LA : Ma licence d'anglais en poche, je me suis inscrite à l'école Penninguen à la rue du Dragon. J'étais aussi baignée dans l'ambiance qui régnait dans les galeries d'art de ce quartier qui reste encore aujourd'hui pour moi un lieu de pèlerinage quand je vais à Paris. Cependant, en rentrant au Maroc, j'ai dû intégrer l'éducation nationale pour enseigner la littérature anglaise à Agadir puis à Casablanca.

Il y eut donc une période où je m'étais consacrée à ce métier d'enseignante et surtout à celui de mère de famille. C'était en fait une pause dans mon parcours : l'art allait me rattraper pour ne plus me lâcher. Et curieusement, mes premières œuvres se mettaient à reproduire les souvenirs de mon enfance, surtout les forêts près d'El Jadida et leurs clairières : cette lumière qui allait devenir ma quête jusqu'à ce jour, après avoir pris le long de mon parcours, des formes et des expressions différentes.

BL : Est-ce que vous pouvez nous citer quelques peintres qui ont compté particulièrement dans votre formation et pourquoi?

LA : Plutôt que des peintres qui ont compté, je parlerais de la générosité de certains qui m'ont encouragée à mes débuts. Ce n'est pas très original, mais Picasso et son prodigieux parcours reste une référence qui a compté pour moi dans ma représentation de l'art plastique. Sinon ne me réclamant d'aucune école, c'est l'ensemble de la création artistique, depuis la nuit des temps jusqu'à la période contemporaine qui a contribué à ma formation de peintre. Ce que j'ai découvert à la galerie des Rois en Egypte pharaonique, l'art africain, l'art occidental, surtout depuis certains impressionnistes dont le regard annonçait déjà l'art contemporain d'aujourd'hui. C'est tout naturellement que l'évolution de ma peinture allait prendre le même itinéraire.

BL : Peindre, c'est faire acte d'amour. Vous convoquez pour soutenir ce propos, des poètes arabes comme Ibn Hazm Al Andaloussi. Cette démarche pose la question du rapport de la peinture en particulier et de l'art en général, à la culture. Qu'est-ce qui a motivé ce choix dans vos créations ? Pensez-vous que la peinture marocaine contemporaine s'inscrit dans cette optique ?

LA : Cela me parait évident et toute ma peinture est imprégnée d'amour. Je me souviens à mes tous débuts d'un article paru sur mon travail qui disait que certaines de mes toiles n'annonçaient pas l'orage menaçant, mais plutôt la pluie bienfaisante. C'était à contrecourant du mouvement de l'époque, mais cela correspondait déjà à ce que j'exprime aujourd'hui d'une autre manière, en allant chercher dans ma démarche abstraite l'indicible de mon fort intérieur. Ce n'est pas un choix, c'est un état d'âme, et en même temps un message universel.
Il me semble que cet acte d'amour, par son contenu et par la relation qu'il crée avec l'autre, peut être une arme plus efficace que le politique. Et il est naturel d'aller se ressourcer pour cela dans notre culture arabo-musulmane et la lumière qu'elle a apportée en son temps. Il ne faut pas oublier que d'une culture polyphonique, Ibn Hazm Al Andaloussi a fondé sa pensée sur une exigeante recherche du vrai. Nombre de peintres contemporains marocains l'ont compris.

BL : Au commencement était le blanc comme espace libre, pur et puis le noir qui introduit l'idée même de la création qui surgit du néant du blanc, cette tension manichéenne du monde est constamment à l'œuvre dans votre création. C'est le cas dans vos toiles, mais aussi dans vos installations où les personnages blanc et noir crèvent l'espace. Pourriez-vous nous en dire un peu plus ?

LA : Le blanc, un espace libre qui fonde sa présence par sa pureté, sa cohérence. C'est la puissance et le commencement de la création. Le noir et le blanc permettent de donner l'impression de lumière. Le noir révèle la lumière qui naît du contraste et de l'interaction du noir et du blanc. La présence du noir rend le blanc plus lumineux. La vie exige la lumière et c'est ma quête première pour donner âme à mon œuvre, à une promesse de vie.

BL : Philippe Lejeune dit quelque part que le peintre n'impose rien, il découvre ce que la blancheur dissimulait, c'est une taille directe dans la lumière. Cette préoccupation semble occuper une place importante dans votre travail. Comment expliquez-vous cette quête permanente ?

LA : Tout à fait, c'est le propre de l'abstraction qui ne cite pas ce qui existe, ce qui est visible, mais au contraire va chercher l'invisible, ce qui est caché sous la blancheur de la toile et qui surgit de cette lumière intense dans un va-et-vient entre ma main et le fond de moi-même, jusqu'à atteindre ce fragile équilibre au bout du chemin.

BL : L'année 2007, avec l'exposition à la prestigieuse galerie Bab Rouah, marque un tournant dans votre création. Certains critiques pensent que vous avez tourné le dos au pittoresque et au néo-impressionnisme vers des créations qui relèvent de plus en plus de l'abstrait. Pouvez-vous nous parler de ce cheminement et de votre façon de voir les choses aujourd'hui ?

LA : Mon glissement vers l'abstraction ne date pas de 2007. Depuis le milieu des années 90, ma peinture s'était mise à se fragmenter, m'éloignant de plus en plus de la représentation de ce que je voyais, exercice qui ne me satisfaisait plus, et cherchant davantage à créer, à exprimer des choses intenses que je sentais en moi et qui demandaient à sortir à la lumière.

BL : Vos créations abstraites vous inscrivent dans le tumulte du monde. Après votre période pittoresque comment avez-vous senti ce besoin et comment cette orientation a-t-elle influencé votre conception de la peinture ?

LA : En 1997, de retour de Bosnie, où la guerre n'était pas tout à fait terminée, j'ai été poussée par un besoin, une nécessité de lâcher la palette impressionniste pour des couleurs plus assourdies. C'est ainsi que le noir et un rouge rentré se sont imposés à moi. Tout a basculé dans ma tête à ce moment-là, et ma conception de la peinture a changé. De la place de l'artiste et du rôle qu'il peut jouer, de son témoignage, tout est devenu différent pour moi.

BL : On a souvent reproché aux peintres marocains d'être prisonniers du chevalet hérité des occidentaux ; une manière de dire qu'ils manquent d'originalité et qu'ils renient leur culture et leur histoire. Quelle est votre position concernant cette question ? Comment se fait le choix de vos supports ?

LA : Il a été écrit que l'art occidental a fait se redresser l'artiste marocain - habitué jusque-là à travailler au sol, pour se mettre debout face à un chevalet. Pour moi, la question ne se pose pas de cette manière. Peu importe la position ou le support ou la matière - certains confrères ont travaillé sur du cuir, d'autres ont utilisé des pigments particuliers, tel le henné -, ce qui est important, c'est l'authenticité et la sincérité de la démarche. Une peinture doit avoir une âme, pour transmettre quelque chose, pour émouvoir. Quant au choix de mes supports, ils dépendent du sujet et de l'instant. Je me souviens que dans l'immédiateté de l'instant, lors de la préparation de l'installation contre le racisme avec des silhouettes blanches et noires, conçues pour l'exposition de Bab Rouah, ne pouvant me permettre de les laisser nues comme je le souhaitais, j'ai pris un plastique à ma portée pour leur servir d'habit moulant reproduisant l'effet recherché. De même que des bacs de formes récupérés des fonds de cageots de fruits, m'ont servi de coiffes pour orner leurs têtes. Et le résultat était surprenant, comme vous avez pu le constater.

BL : L'observateur constate facilement la présence d'une palette assez diversifiée dans vos travaux. Le jaune, le rouge, le noir, le blanc et une dominance du bleu par moments. Ces tonalités s'imposent-elles à vous comme de fortes émotions ou alors s'agit-il d'une démarche plus réfléchie et plus structurée à partir d'une idée ou d'un concept préalable ?

LA : En guise de réponse à votre question je vous lis le commentaire d'un ami qui m'a vu à l'œuvre :

« J'ai vu peindre Ahlam. La toile avait été préparée la veille, blanche, vierge immaculée. Commence un travail de fond avec une pâte blanche aussi, qui passe et repasse, creuse, racle la toile. Dans un rythme soutenu, une sorte de respiration intérieure, de tout son corps. Ahlam semble vouloir retrouver une matière qui devait exister déjà et qui cherchait à réapparaître, à refaire surface. Le résultat est surprenant tant la matière révélée faite de creux et de reliefs est partie intégrante de la toile. Ahlam s'arrête un moment, comme pour se reposer de cette longue course et de l'enfantement qui a suivi. La magie a opéré et le résultat est tout simplement évident. Elle s'arrête, et comme pour reprendre son souffle, elle regarde ses pots de couleurs brutes qu'elle agite calmement avec des morceaux de bois, faisant remonter l'air rêveur, les pigments à la surface. Cette rêverie ne dure pas longtemps. Assez vite une couleur semble s'imposer. Elle y trempe sa brosse qu'elle promène ensuite sur la toile, en grande bande horizontale dont le tracé est fait d'un trait sans lever la main, sans hésitation comme l'expression d'une volonté intérieure prenant forme à l'instant. C'est alors que va commencer une symphonie de couleurs, chacune appelant l'autre. Ces couleurs se côtoient, s'effleurent, se touchent, se superposent, s'interpénètrent. On les voit se dissimuler, se deviner, réapparaître, dans une musique où chacune joue sa partition en harmonie totale avec l'œuvre. Quand Ahlam s'arrête, cela semble normal. La lumière tant recherchée est à son point d'équilibre. L'œuvre dégage une grande force et en même temps une grande éreinté. Un calme parfait qui semble apaiser Ahlam, une sensation toute provisoire en attendant une nouvelle quête, un nouvel élan, encore une autre aventure, pour tenter d'exprimer l'indicible qui vit en elle, éternelle insatisfaite. »

BL : Votre peinture est un langage plastique qui s'affranchit des oppositions closes pour ouvrir un espace dialogique qui se nourrit de la tension des dualités constitutives de l'être humain et de notre univers. S'agit-il d'une quête spirituelle ? Humaniste ? Un engagement intellectuel ou tout ça en même temps ?

LA : Ce qu'on appelle le spirituel est une quête, de quelque chose d'intouchable qui m'effleure et me transporte, que j'essaie d'exprimer et de transmettre. L'abstraction me permet cette sortie de moi-même, cet élan vers l'absolu. Lorsque je suis devant la toile blanche, ma tête est pleine de ce que j'ai vu, entendu et vécu, et instinctivement, j'ai tendance à exprimer une attitude, un engagement face aux événements extérieurs - je vous ai parlé de mon retour de Bosnie par exemple et de l'incidence sur mon travail de tout ce que j'ai vu là-bas - et toujours en moi cet élan qui flirte avec le divin. Oui c'est tout cela à la fois.

BL : Dans les différentes sections en allant du figuratif au néo-impressionnisme et puis à l'abstrait, s'exprime davantage une rythmique qu'on peut qualifier de sensibilité pensante, voir un engagement plus affirmé. Est-ce que votre travail, répond-t-il actuellement à cette envie de faire de la peinture un medium au service des causes qui concernent l'humanité aujourd'hui ?

LA : Oui, je pense qu'il y a du militantisme dans ma démarche. Ma sensibilité donne le tempo et le rythme de l'expression plastique pour servir effectivement une cause. A ma manière, j'ai défendu la nature toujours présente dans mes œuvres et qui me donne ce souffle vers le haut. J'ai également tenté d'exprimer mon aversion du racisme dans certaines de mes installations, mon refus des guerres et de la violence, notamment suite à la guerre d'Irak, toutes ces causes qui nous concernent tous.

BL : Votre œuvre est constamment en mouvement, vous multipliez les supports et les matériaux avec chaque fois une volonté d'aller plus loin dans l'expression plastique. L'écriture est aussi présente dans certaines de vos créations. Le geste spontané au service d'une émotion débordante semble prendre le pas sur les règles et les formes, du moins dans un premier temps. L'ensemble est une mise en scène d'une recherche de l'harmonie et de l'équilibre. Quand vous commencez un travail, comment vous procédez ? Est-ce qu'une idée précède le premier geste, une émotion particulière, une ambiance ? Y a-t-il un temps de gestation avant le travail en atelier ?

LA : Ce mouvement dont vous parlez est ce qui nourrit mon travail. J'ai connu toute une période que je qualifierais de gestuelle, durant laquelle le geste s'imposait, sans réfléchir, exprimant l'émotion brute de l'instant. En fait, je pense que la réflexion se faisait en moi à mon insu, pour jaillir sous forme d'un mouvement, d'un jet immédiat.

BL : Il semblerait que chacune de vos toiles est revisitée plusieurs fois, retravaillée jusqu'à retrouver cette lumière dont on a parlé avant. A quel moment considérez-vous que votre tableau est fini ?

LA : C'est effectivement dans le travail de ces dernières années, où j'ai senti le besoin de reprendre le geste premier, avec des voiles et des transparences qui diffusent la lumière. Chaque toile est effectivement retravaillée jusqu'à n'en garder que l'épure, que le « souffle » qui l'anime.

BL : Une œuvre d'art a toujours besoin d'un regardeur comme « complément de création » pour exister. Quelles attentes avez-vous de votre public et de sa réaction face à vos créations ?

LA : À travailler en fonction des attentes du public, on risque de se perdre en s'éloignant de soi-même, de perdre de sa sincérité. Et cette sincérité prime pour moi. Il est vrai que j'aime transmettre toutes ces émotions qui sont en moi. Et pour cela il faut que le public soit réceptif. Vous savez, il y a plusieurs publics :

Celui qui a besoin d'être rassuré en retrouvant des formes humaines, des éléments de la nature qu'il reconnait, et un autre public prêt à voyager avec vous dans vos élans et vos nuances.

BL : Certains critiques reprochent aux peintres marocains d'être influencés par les artistes occidentaux et la place qu'ils accordent à l'aspect formel et à l'absence de vie dans leurs créations ; de l'implication personnelle...Qu'est-ce que vous en pensez en tant que peintre et en tant que citoyenne ?

LA : Je pense que chacun de nous est une porte ouverte, avec des courants d'air. Le peintre marocain n'échappe pas à cette règle. Il est fait des influences de ses racines, mais aussi de tous les courants de l'art occidental qui occupe le devant de la scène depuis des siècles. Cela transparait naturellement dans ses œuvres. Cependant l'implication personnelle reste une exigence, pour ne pas tomber dans la copie et la caricature, et l'absence d'âme, l'absence de vie dont vous parlez si justement.

BL : Que pensez-vous des critiques selon lesquelles la peinture marocaine d'aujourd'hui souffre d'un certain éclatement, variété des techniques et des références, absence d'un principe esthétique fédérateur comme c'était le cas pendant les années soixante ?

LA : Cela me parait une grande richesse, comme nous avons pu le constater lors de la GENAP, la grande exposition nationale des arts plastiques, où ont été exposées des œuvres d'artistes aux différentes sensibilités qui utilisent parfois des supports et des pigments personnels. Le principe esthétique fédérateur des années soixante correspondait pratiquement à la genèse de l'art contemporain marocain qui cherchait à s'affranchir de la tutelle occidentale, c'est ce qui rassemblait les artistes du groupe de Casablanca. Je ne parle pas de ceux pour qui la peinture retombe dans d'autres considérations.

Le retour au sujet, à l'anecdote, à la figuration et même au réalisme, alors qu'elle avait atteint une qualité d'art bien défini, loin du langage de la représentation, du bavardage du sujet. Cela avait donné à la peinture marocaine une ambition nouvelle.

BL : Votre engagement dans la société civile est connu de tous. Vous êtes d'ailleurs présidente de l'association Pour l'Art et la Culture. S'agit-il pour vous d'une manière de sortir le peintre de son atelier ? Quel serait le rôle du peintre, selon vous, dans la société marocaine d'aujourd'hui ?

LA : Je vous avoue que cet engagement, s'il m'apporte une grande satisfaction morale, c'est aussi une sortie pour moi de mon atelier, et cela me manque beaucoup. C'est dans mon atelier que je me retrouve, que je m'accomplis. Le rôle du peintre dans la société marocaine d'aujourd'hui ? Un éclaireur me parait une bonne réponse.

BL : Comment est née cette idée et quel est le message que vous cherchez à faire passer à travers ce projet ?

LA : La pénurie des espaces d'art au Maroc est latente. J'ai personnellement toujours rêvé d'un espace d'échange et de partage, de transmission aussi. L'opportunité s'est offerte avec le MACA qui vit à ce rythme depuis 2012, date de sa création. Symposiums, résidences, ateliers d'artistes, colloques, soirées poétiques et musicales, ateliers pour enfants des écoles rurales voisines. Autant d'activités qui s'y déroulent à longueur d'année.

BL : La création féminine a connu depuis les années 90 un réel essor dans tous les domaines et particulièrement dans la peinture. Comment expliquez-vous cet engouement ? Est-ce que vous y voyez par exemple un changement de regard à l'égard des femmes, une libération et une prise en mains de leur propre destin ?

LA : La transformation de la société marocaine a amené la femme à se prendre en charge. Cette libération a effectivement changé le regard à l'égard des femmes. C'est vrai également pour les femmes peintres qui osent et exposent aujourd'hui. Il ne faut pas oublier que beaucoup de femmes marocaines, dans la campagne notamment, n'ont pas attendu cette libération pour s'exprimer dans leurs tapis, leurs poupées, etc.

BL : A quoi sert l'Art à votre avis ?

LA : À dévoiler l'essence de l'être par la quête de soi-même. L'art est aussi militant. En tant qu'artistes, nous avons le devoir de réveiller les consciences des gens et l'art est porteur de messages dans ce sens. Je crois que la culture peut réussir là où échoue le politique.

BL : Quel regard portez-vous sur les nouvelles tendances : Pop art, art cinétique, art brut, street art, art conceptuel…?

LA : Il est normal que l'artiste épouse la tendance, le support, le mode d'expression qui lui convient. Que ces nouvelles tendances se propagent n'a rien d'anormal. Au contraire il suffit de voir à Berlin par exemple, ce que le street art a permis : en fait, la rue devient un espace d'art ouvert à tout le monde. Il ne faut pas oublier qu'aujourd'hui encore, à l'étranger comme au Maroc, beaucoup hésitent à pousser la porte d'une galerie d'art.

BL : Comment voyez-vous l'avenir de l'art plastique marocain et particulièrement la participation de la femme à l'histoire de cet Art ?

LA : En bonne santé et de plus en plus innovant. Il est représenté au-delà des frontières, lors de grandes manifestations internationales. C'est un élément important de notre capital immatériel qui est un vecteur de développement du Maroc. Malgré sa jeunesse, l'art plastique marocain commence à émerger. Je pense qu'un bel avenir l'attend. L'éclatement dont vous parliez tout à l'heure et dont je soulignais la richesse, est le fruit de la situation privilégiée de notre pays et des influences diverses qui le traversent : la musique de la guedra est différente de la musique andalouse ou du malhoune.

BL : Avez-vous un message particulier à passer à la jeunesse marocaine aujourd'hui, et particulièrement aux jeunes filles ?

LA : Cette effervescence de l'art dont vous avez parlé est très limitée, car elle ne vise qu'une mince catégorie de la population et en même temps elle rend l'art inabordable et inaccessible pour la majorité des gens, notamment pour la jeunesse. Pensez que les rares postes de professeurs de dessin à l'Education Nationale ne sont parfois pas renouvelés quand ils viennent à terme.

Mon message, je l'adresserai plutôt aux décideurs qui doivent créer les conditions pour que les jeunes puissent se familiariser avec l'art. Il faut multiplier les initiatives dans ce sens pour amener les jeunes à y adhérer. Et cette jeunesse viendra d'elle-même, à la découverte d'un monde qui, souvent, lui est étranger aujourd'hui et qui pourtant doit la concerner, lui ouvrir les yeux sur la lumière qui est en elle, et l'aider ainsi à la voir briller.

Lityeme Nouzha

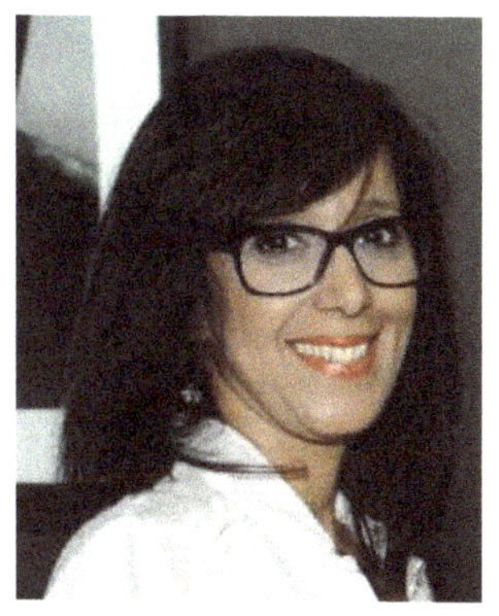

Nouzha Lityeme est une éternelle rêveuse qui a su garder une âme d'enfant qui continue à contempler la nature avec émerveillement. Après des années de recherches et de tâtonnements, détachée de toutes contraintes académiques, elle a fini par choisir un matériel surprenant pour restituer son émoi. Il s'agit de la feuille de fer. Une véritable orfèvre qui défie la résistance de la matière pour en exploiter les potentialités. Le choix de ce matériau est aussi une épreuve qui permet à l'artiste de libérer une force intérieure. C'est cet équilibre entre une douceur extérieure manifeste et une fougue intérieure flamboyante qui frappe celui qui s'intéresse à ses créations. Pour elle, ce n'est pas antinomique. Le fer devient malléable entre ses mains. S'agit-il d'une rage au fond d'elle, liée à certaines expériences de la vie, du quotidien et du stress d'une société oppressante ? Sans doute un peu de tout ça, car pour elle, la peinture demeure une véritable thérapie. L'art c'est avant toute chose l'expression de ce qui vient de l'intérieur. C'est un travail de recherche, d'apprentissage, de don et de partage.

L'artiste travaille beaucoup sur des objets de récupération qu'elle détourne de leur fonction première pour leur redonner une autre vie. Cela lui donne, dit-elle, une grande liberté pour ne pas se contenter de leur fonctionnalité.

C'est dans cette optique qu'elle a choisi de revenir sur l'arbre et la végétation en général qui ont toujours eu une place fondamentale dans sa vie depuis son enfance. Ce qui retient son regard particulièrement c'est cette diversité d'émotions exprimées par les éléments de la nature. Elle révèle une palette d'émotions semblables à celles des êtres humains. Ce sont donc ces séquences de notre vie qu'on retrouve dans la nature et qui l'inspirent. Ainsi, les différentes expériences de la vie interviennent sans cesse dans sa peinture et des fois de façon inconsciente. La chaleur, le froid, la neige…sont autant d'éléments qui influencent sa trajectoire. Sa peinture se nourrit de tout cela. Les feuilles et les arbres sont autant de prétextes pour faire ressortir ce qu'elle veut exprimer à travers son matériau. C'est dans ce cadre que la dualité entre le bois et le fer qui caractérise ses créations, prend tout son sens.

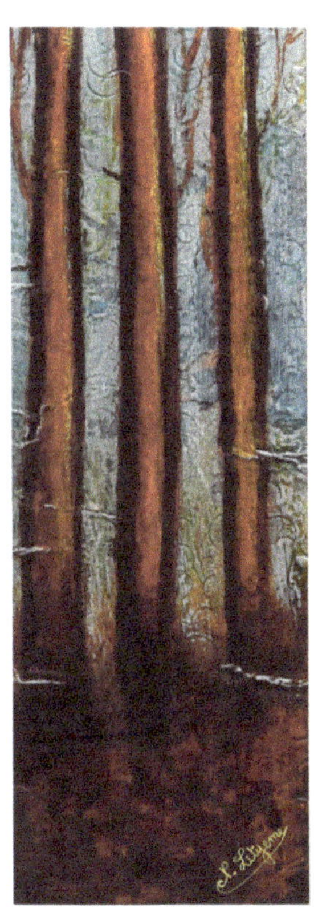
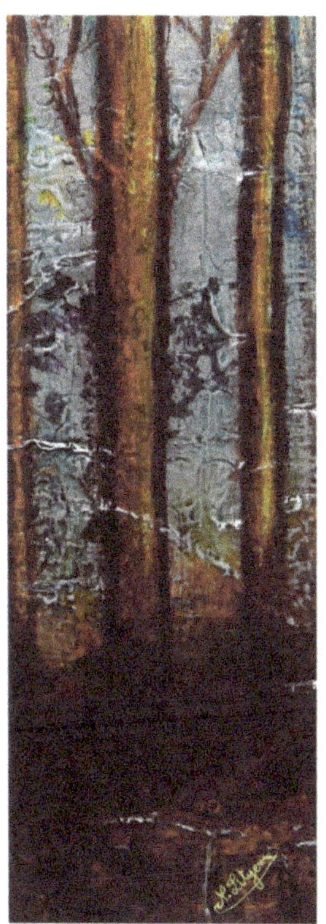
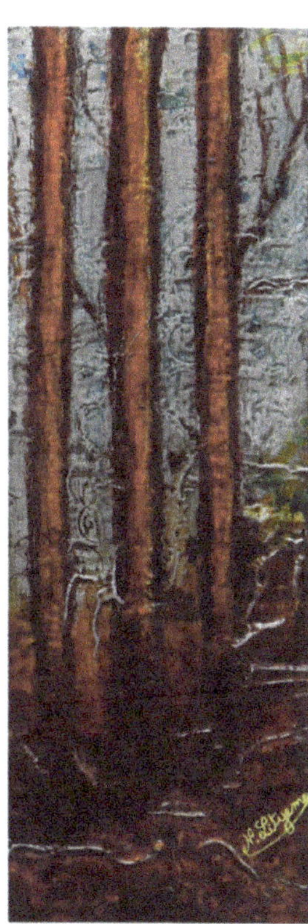

BL : Pour commencer notre échange, j'aimerais revenir avec vous sur votre enfance et votre parcours scolaire. Qui est Nouzha Lityeme ?

LN : Je suis native de Fès. J'ai fait toutes mes études dans ma ville natale en sciences économiques. Je suis partie à Casablanca en 1987. J'ai commencé à travailler dans l'ameublement et décoration, mais la peinture a toujours été ma passion. Enfant, j'ai toujours crée sur les murs. Il était question que je termine d'abord mes études avant de songer à faire ce que je voulais. Même si mon travail me prenait beaucoup de temps, j'ai toujours dessiné et cette passion de la peinture était là. En 2008, ce fut le déclic. Un beau matin, j'ai décidé de prendre la peinture et j'ai commencé à déverser tout ce qui était resté enfoui en moi depuis mon enfance. C'est à partir de là que l'aventure a commencé. C'était pour moi une manière de vouloir tout poser, de me libérer et de donner libre cours à cette soif de dessiner et de peindre. À partir de ce jour là, je ne voulais plus arrêter. J'avais des journées pleines au travail, mais dès que je rentrais chez moi, je prenais une toile et je començais à peindre. Il m'arrivait des fois d'utiliser toutes les toiles que j'avais et je prenais donc soit des feuilles soit des tissus pour continuer. L'essentiel c'était de libérer ce que j'avais à exprimer à ces moments là.

BL : Comment s'est fait le choix des arts plastiques? Qu'est-ce qui a motivé cette orientation ? Pouvez-vous nous expliquer votre cheminement et les différentes étapes de votre parcours artistique ?

LN : Pendant des années, j'ai essayé toutes les techniques. Il ne fallait pas être figé sur une seule chose. J'ai passé des années à peindre dans tous les styles et en même temps je me cherchais. J'ai testé plusieurs matériaux avant de trouver mon orientation. Pour moi, la peinture est une forme d'expression libre. Ayant une vie réglée et réglementée, cette liberté dans la création me permet de sortir de ça. C'est une rébellion. J'ai donc constamment en tête cette idée que ma peinture doit être identifiable sans pour autant l'enfermer dans un style. La peinture est donc pour moi une libération, une thérapie. Elle m'apporte beaucoup. Ce qu'elle me donne, j'essaye de le transposer sous forme d'émotions à partager aussi avec les autres.

La peinture est aussi une forme d'expérience. A partir de 2010 et ayant travaillé sur plusieurs matériaux, j'ai trouvé quelque chose de très original, à savoir le détournement de la feuille de fer utilisée normalement dans l'orfèvrerie, la sculpture et la gravure. J'ai donc essayé d'exploiter ses potentialités dans la peinture. A partir de cette date, j'ai trouvé ma trajectoire, le matériau qui me parle le plus. C'est une expérience très riche qui me permet de montrer une force. C'est très intéressant, car souvent on me demande pourquoi j'ai choisi cette matière alors que je suis douce. Pour moi, ce n'est pas antinomique. Le fer devient malléable entre mes mains. S'agit-il d'une rage au fond de moi liée à certaines expériences de la vie, du quotidien et du stress du travail ? En rentrant chez moi, je me mets à travailler la tôle, la brosser, jouer avec, réaliser certaines nervures, etc. Ce travail me permet de décompresser. La tôle prend donc la forme que j'ai envie de lui donner. Je peux la modeler comme n'importe quelle autre matière. Depuis 2010 j'ai donc continué à travailler sur ce matériau et depuis cette date j'expérimente les différentes peintures qui peuvent y correspondre. Elles doivent s'adapter aux aléas de la lumière, du soleil, de la température, de l'humidité, etc. Ce n'est qu'en 2017 que ce travail voit enfin le jour. Mon souci n'était pas d'exposer un travail, mais d'aboutir à un résultat professionnel satisfaisant au bout de cette recherche qui a duré plusieurs années.

BL : Qu'est-ce qui caractérise le travail de Nouzha Lityeme ? Quels sont vos sujets de prédilection ?

LN : Le sujet que j'ai choisi, c'est l'arbre et la végétation en général. Je suis convaincue qu'on peut tout exploiter dans la nature. Nous rencontrons au quotidien une diversité d'émotions exprimées par les éléments de la nature. Un arbre penché, fleuri ou un peu défraichi révèle une palette d'émotions semblables à celles des êtres humains. Ce sont donc des séquences de notre vie qu'on retrouve dans la nature et qui m'inspirent dans ce que je fais. Il suffit que je passe à côté de la mer et le bleu de l'océan m'imprègne. Dès que je rentre chez moi, je recrée cette ambiance de la mer dans mes peintures. Les différentes expériences de la vie y interviennent donc et des fois de façon inconsciente. La chaleur, le froid, la neige...sont autant d'éléments qui influencent ma trajectoire. Ma peinture se nourrit de tout cela. Les feuilles et les arbres sont autant de prétextes pour faire ressortir ce que je veux exprimer à travers mon matériau. C'est dans ce cadre que la dualité entre le bois et le fer qui caractérise mes créations, prend tout son sens.

Cette expérience m'a appris beaucoup de choses. J'ai compris par exemple qu'il y a des défis qu'on peut se lancer et que rien n'est impossible. La motivation, l'envie rendent les choses possibles. La feuille de fer m'a montré que, malgré la dureté de ce support, il demeure malléable. Quelque soit la rudesse d'un élément, il recèle toujours une part de tendresse. Cette vision des choses peut s'appliquer aussi bien aux choses qu'aux êtres humains. Tout dépend de l'approche qu'on a. C'est cette sensibilité envers l'environnement et la nature que je cherche à révéler.

Les feuilles m'ont beaucoup inspiré aussi dans ma recherche. Quand j'étais petite, tout au long de l'avenue qui mène à l'école, il y avait des platanes. En automne, les trottoirs sont jonchés de feuilles d'arbres. Entre enfants, on se lançait un défi pour savoir qui était capable de ne marcher que sur les feuilles sans poser de pied sur la chaussée. Je garde toujours en mémoire ce bruit des feuilles et cette musique qui résonne encore dans ma tête comme des notes de piano. C'était donc une belle manière de commencer la journée. Cette part de rêve de l'enfance est toujours présente chez moi aujourd'hui. Chaque fois que je voyage, je ramène dans ma valise du sable, des morceaux de bois, des racines et des feuilles. Quand je marche, je ne regarde jamais en hauteur. Mon regard est souvent attiré par tout ce qui traine par terre. Quand j'ai commencé à travailler sur la tôle, j'ai donc ressorti tout ce que j'avais collectionné pour réaliser une installation. J'ai ainsi compris que cette symphonie des feuilles que je piétinais quand j'étais enfant est toujours présente dans mon subconscient et continue à inspirer mes créations. Toutes ces feuilles de platanes qui viennent de Lausanne, de Monaco ou de Dallas ont des formes légèrement différentes et des couleurs distinctes, mais personne ne voit leur différence au niveau de l'installation. Elles ont la même allure. On ne peut pas savoir de quel pays elles venaient. L'idée de religion ou d'appartenance ethnique s'estompe complétement. Effectivement, la peinture et l'art en général, rassemblent et permettent de communiquer dans un langage universel où les frontières n'existent plus. C'est donc un vecteur de paix.

BL : Quand vous commencez un travail, comment vous procédez ? Est-ce qu'une idée précède le premier geste, une émotion particulière, une ambiance ? Y a-t-il un temps de gestation avant le travail en atelier ?

LN : Je ne suis passée par aucune école. Au départ, j'ai commencé par extérioriser tout ce que j'avais emmagasiné pendant des années. Comme j'aime bien travailler avec mes mains, j'ai donc procédé par expérimentation pour voir comment réagit chaque matière. J'ai longtemps tâtonné tout en restant ouverte aux rencontres artistiques. J'ai passé beaucoup de temps à communiquer et à parler de ce que je faisais. Les artistes qui ont suivi des formations académiques m'ont chaque fois confortée dans mes intuitions. Ces échanges sont très formateurs. Il y a un an, j'ai montré mon travail sur la tôle à Jamal Ouadi que j'ai rencontré en 2012 à l'occasion d'une exposition caritative. C'est là que j'ai découvert son travail sur la tôle et le bois. J'étais très passionnée par ce qu'il faisait, car moi aussi je travaillais dans le même esprit. J'aime tout ce qui est ancien, car pour moi rien ne meurt. Les objets délaissés et les feuilles ont une histoire, voire une âme. Mon travail leur permet de revivre et d'écrire une autre histoire. Un vieux morceau de bois est déjà une œuvre d'art.

En Octobre 2015, lors d'une exposition à d'Art Louanes, je lui ai proposé de venir dans mon atelier à Casablanca pour lui montrer mon travail. J'appréhendais beaucoup sa réaction, mais j'ai été très satisfaite quand il m'a annoncé que 90% de mes réalisations peuvent être exposées. Il m'a proposé de m'accompagner pour travailler sur les 10% restants. Nous avons donc travaillé ensemble pendant un an jusqu'à la date de l'exposition. Jamal Ouadi est un artiste professionnel, généreux qui est dans le partage total. Nos discussions étaient formatrices. Si j'avais déjà ma technique et ma connaissance du support, il me manquait l'assurance qu'il m'a apportée. Avant, j'avais peur de revenir sur une toile, de tout effacer et de recommencer. Je n'avais pas cette facilité. C'est pour cela que j'avais parlé avant de cette tendance à se soumettre aux règles et à s'interdire des choses à cause de notre éducation. Cela se voyait dans ma façon de travailler sur une toile où, sans se rendre compte, je devais faire attention à ne pas déverser de la peinture par terre et à ce que tout soit propre. Avec Jamal Ouadi, j'ai retrouvé cette liberté ; la possibilité de jeter une toile par terre, la poncer, la reprendre et la retravailler. Je ne suis plus dans la restriction. Je lui suis reconnaissante.

Dans l'Art, il y a des vagues. En ce moment, il y a au Maroc un style en vogue qui tente de s'imposer. Je n'ai pas envie de me soumettre à ce dictat, car l'art c'est avant toute chose l'expression de ce qui vient de l'intérieur. C'est un travail de recherche, d'apprentissage, de don et de partage. Je ne finirai jamais d'apprendre et je n'apprendrai jamais tout. C'est ainsi que je me suis professionnalisée dans ma façon de créer. Une exposition n'est pas une finalité en soi. Il faut prendre du recul par rapport aux tendances, continuer à réfléchir et à produire. Il faut éviter de perdre son énergie dans la multiplication des expositions et laisser son travail mûrir suffisamment avant de le montrer au public. L'essentiel c'est d'avancer dans la recherche. Avec Jamal Ouadi je rattrape tout ce que je n'ai pas pu avoir en intégrant une école des Beaux-Arts. C'est cette authenticité que je continue à défendre et qui me permet de ne pas courir derrière le commercial.

LB : Quels sont les matériaux que vous utilisez dans vos créations ?

LN : Avant je travaillais avec des baguettes ou mes mains, mais jamais avec le pinceau. J'utilise aussi la peinture de vitrail qui est transparente. L'acrylique n'adhère pas sur la tôle. Cette trouvaille est un pur hasard suite à une série d'expérimentations. La rencontre de Jamal Ouadi m'a permis d'expérimenter d'autres techniques.

Je travaille beaucoup aussi sur des objets de récupération que je détourne de leur fonction première pour leur redonner une autre vie. Cela me donne une grande liberté pour ne pas me contenter de la fonctionnalité des choses.

BL : La création féminine a connu depuis les années 90 un réel essor dans tous les domaines et particulièrement dans les Arts, comment vous expliquez cet engouement ? Est-ce que vous y voyez par exemple un changement de regard à l'égard des femmes, une libération et une prise en mains de leur propre destin ?

LN : La femme au Maroc a beaucoup évolué dans le bon sens. Son rôle ne se réduit plus à celui de l'épouse, femme au foyer qui s'occupe uniquement de ses enfants. Elle s'est imposée dans tous les domaines. Dans le champ artistique, on peut regretter que les femmes soient encore reléguées au second plan. Dans certaines rencontres ou expositions collectives, il y a exclusivement des femmes. Les hommes estimaient-ils qu'ils n'ont pas besoin d'aller à ce genre de rencontres ou ce sont les femmes qui ont soif d'échanges pour rattraper leur retard ? Au Maroc, malheureusement on n'est pas suffisamment dans la recherche. Cela explique en partie la multiplication des expositions. Cependant, ces lieux de rencontres au Maroc ou à l'étranger nous permettent de nous enrichir en échangeant avec d'autres artistes. Les femmes sont beaucoup dans cette démarche de partage, mais malheureusement elles ne sont pas encore appréciées à leur juste valeur. On a l'impression qu'elles n'ont pas encore acquis suffisamment de maturité pour oser exposer avec des hommes ou c'est peut être elles-mêmes qui s'autocensurent. Ceci dit, sans pour autant généraliser, tout est relatif. On peut regretter néanmoins l'existence de clans aussi bien du côté des femmes que des hommes. Cet enfermement est regrettable. Il faut signaler aussi que l'arrivée du roi Mohamed VI au pouvoir a apporté un grand changement concernant les droits des femmes au Maroc. C'est quelqu'un qui est très sensible aux arts également. Cet encouragement à libérer beaucoup de femmes. L'exposition organisée par Rim Laâbi au Musée Mohamed VI à Rabat de novembre 2016 à mars 2017 lève aussi le voile sur la création des femmes au Maroc et leur participation à l'histoire de l'art marocain. C'est une première.

BL : Comment voyez-vous l'avenir de la création artistique au Maroc et particulièrement la participation de la femme à l'histoire de cet Art ?

LN : La multiplication des galeries avec des femmes de plus en plus impliquées qui préparent des événements au Maroc, mais aussi à l'international, est très positive. Le détachement des réseaux masculins leur permet d'exister en tant que femmes artistes à part entière. Cela a permis également de lever le voile sur les créations de plusieurs artistes qui n'osaient pas exposer avant. Ces ouvertures vont dans le bon sens. Il y a de plus en plus de créativité et cela augure d'un avenir très riche de l'art Marocain.

Lotfi Leila

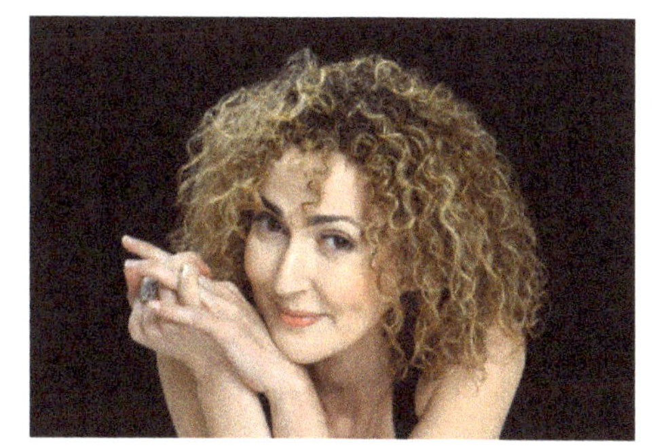

Rendre hommage aux femmes marocaines. Telle est l'intention de Leila Lotfi. Après une longue première carrière dans la communication, l'artiste a dû écouter cette pulsion intérieure qui l'a toujours poussée à vouloir créer. Passionnée par la peinture depuis son jeune âge, elle voue une admiration particulière à Klimt qui lui a probablement inspiré l'idée d'intégrer l'or à ses visages de femmes ainsi que Françoise Nielly et ses visages colorés. Parler des femmes est une manière pour elle de leur rendre la diversité de leurs traits, et révéler leurs multiples facettes. Des femmes qui naviguent entre tradition et modernité, gaies, émouvantes, pleines d'esprit, passionnées, joyeuses, subtiles, fières, volubiles, prolixes, féminines et subtiles, drôles et capables d'auto dérision. Cette force vitale qui l'anime se manifeste également dans les couleurs vives qu'elle déploie sur ses toiles. Elle ne cherche pas, nous dit-elle, à justifier cette démarche qui reste une évidence pour elle, car elle peint nous dit-elle par instinct, une improvisation quotidienne. Ainsi, elle utilise pour ses visages des nuances d'or et d'argent qui évoquent la préciosité de l'âme. Bref, une vision de la vie visiblement gaie et très colorée. Si elle peint des corps, c'est parce qu'un corps ne sait pas mentir. Chaque expression et chaque attitude raconte une histoire et des émotions. À sa manière, Leila Lotfi gratifie notre vue par des tableaux de femmes flamboyants, dont chacun, sous un angle différent, est une ode à la vie.

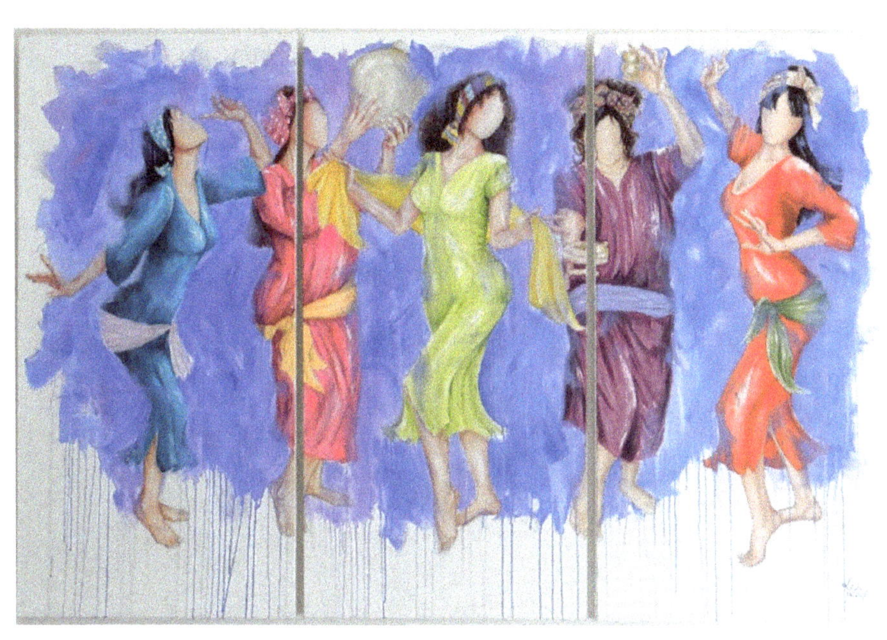

BL : Pour commencer notre échange, j'aimerais revenir avec vous sur votre enfance et votre parcours scolaire. Qui est Leila Lotfi ?

LL : J'ai eu une enfance particulièrement heureuse. J'ai grandi auprès de parents qui m'ont toujours encouragée à développer mes aptitudes et particulièrement une maman à qui je dois beaucoup, Naïma Bennis Lotfi, dont j'admirais l'élégance et la simplicité. Feue ma mère était styliste et créatrice du caftan sans ceinture, peintre orientaliste et tant de choses encore…J'ai eu la chance de recevoir le plus précieux des héritages : l'encouragement à tenter avant de renoncer accompagné d'une grande sensibilité, un sens accru de l'esthétique et une si forte émotion face à la grâce et à l'allure, mais surtout à la délicatesse … Être au contact de la créativité dès son plus jeune âge, finit par vous guider dans vos choix.

Á l'âge de 12 ans j'ai exprimé mon souhait de devenir styliste, puis j'ai gagné à 18 ans un concours de fashion design avec à la clef une bourse d'études du Collège Lasalle de Montréal. Mon diplôme en poche, j'ai réalisé que le marché marocain de cette époque-là était essentiellement axé sur la sous-traitance et que la clientèle n'était pas prête pour la création locale.

Je me suis donc orientée vers la communication, avec pour challenge d'apprendre le métier sur le terrain en usant de bon sens et de créativité. S'ensuivit plus de 20 ans de carrière dont la création de mon agence de publicité & événementiel en 2006.

BL : Artiste autodidacte, Comment s'est fait le choix des arts plastiques? Qu'est-ce qui a motivé cette orientation ?

LL : J'ai choisi les métiers de la communication parce que justement il y a une place majeure pour la création, mais accompagner les créatifs ne me suffisait plus. Je voulais créer de mes mains. Consciente de ce besoin latent, je n'ai pas cessé d'explorer, depuis mon retour de Montréal, une multitude de pistes créatives en montant plusieurs business plans : ameublement et stylisme pour nouveau-nés, composition florale, etc.

Au mois de février 2013, j'ai décidé d'arrêter mon activité dans la communication, car j'ai réalisé que cela ne me correspondait plus et qu'il était temps de me retrouver. Cette décision a été difficile à prendre au vu des enjeux que cela représentait, mais je sentais que je me perdrais si j'y restais. J'ai donc pris du temps pour moi jusqu'au jour où, (un mois plus tard) je suis tombée devant un tableau dans une galerie d'art. Il était trop cher, mais je le voulais malgré tout chez moi ! J'ai donc acheté tout le matériel nécessaire, ne sachant même pas comment l'utiliser, et me suis jetée à corps perdu dans ce nouveau projet. Je n'avais rien à perdre, mais tout à y gagner. L'accouchement était en cours. Depuis, je n'ai plus cessé de peindre.

Après avoir terminé ce premier tableau, j'ai fait appel à un professeur avec lequel j'ai pris quelques cours pour apprendre comment utiliser certains outils, puis j'ai vite renoncé à être formée. Je voulais découvrir mon propre style. J'ai donc expérimenté plusieurs techniques que j'ai découvertes sur YouTube.

Quelle jubilation d'écouter cette petite voix intérieure qui n'a plus pour vocation que de laisser à nouveau la petite fille s'exprimer, jouer instinctivement avec une palette de couleurs, des pinceaux et des couteaux, puis ça ne suffit plus, tout lâcher pour continuer avec une main puis deux. Entrer en communion avec la toile, son sujet, ses formes, ses couleurs et ces différentes matières que j'affectionne particulièrement. Passer de la volupté du lisse à la vigueur du rugueux. L'aimer, le désaimer pour finalement la ré-aimer.

Cette volonté d'explorer un terrain inconnu, redevenir novice, tout avoir à apprendre, sentir que ça me dépasse, que c'est plus fort que moi..., me conforte dans l'idée que rien n'est impossible. Pour moi, c'était le moment et qu'avant j'avais d'autres choses à réaliser. La vie n'a pas de sens si on ne se réveille pas avec plaisir pour réaliser ce que l'on aime. Je n'avais aucunement l'intention de devenir artiste professionnelle. Mais le besoin de créer m'a toujours rattrapée. Une sorte de pulsion interne.

BL : Remonter à l'enfance, c'est aussi retrouver la trace des passions, des personnes qui ont compté pour vous et qui ont forgé votre personnalité ou du moins qui vous ont ouvert les yeux sur l'art et la culture en général. Est-ce que vous pouvez nous expliquer votre cheminement et les différentes étapes de votre parcours artistique ?

LL : J'ai grandi auprès de parents attachés à leur culture et en même temps très ouverts d'esprit. Cela a probablement attisé ma curiosité. Petite, j'étais fascinée par les créations de ma mère. C'est elle qui m'a initiée à l'art. Elle prenait le temps, malgré son rythme de travail, de répondre à mes innombrables questions. J'observais sa méthodologie, son goût prononcé pour les belles finitions, et sa capacité à oser ce qui n'avait jamais été réalisé.

J'ai toujours été sensible à l'univers de Klimt, c'est probablement lui qui m'a inspiré pour intégrer l'or à mes visages de femmes ainsi que Françoise Nielly qui peint de superbes visages colorés.

BL : Votre démarche artistique s'abreuve dans le quotidien des femmes marocaines que vous traitez avec tantôt humour tantôt ironie, mais toujours avec douceur. D'où vient cette fascination pour la femme et quelles en sont les motivations ?

LL : Je trouve qu'être marocaine est un « signe particulier ». J'ai voulu parler à travers mes toiles des multiples facettes de la femme marocaine, un sujet inépuisable. Il suffit de s'asseoir, d'observer et d'apprendre.

Des femmes qui naviguent entre tradition et modernité, gaies, émouvantes, pleines d'esprit, passionnées, joyeuses, subtiles, fières, volubiles, prolixes, féminines et subtiles, drôles et capables d'auto dérision, tant que c'est fait intra muros. Une méditerranéenne, exubérante, capable de passer rapidement d'une émotion à l'autre. C'est en portant un regard tendre et amusé sur nos petits travers que j'ai mis en scène des situations cocasses du quotidien. J'ai intégré le zellij que j'ai utilisé pour mettre en scène nos idiomes régionaux, les dictons de nos grands-mères pour la mémoire qui ne doit pas se perdre ainsi que des références à mon enfance.

BL : L'observateur est fasciné par votre palette assez douce qui renvoie à la joie de vivre. Ces tonalités s'imposent-elles à vous comme de fortes émotions ou alors s'agit-il d'une démarche plus réfléchie et plus structurée à partir d'une idée ou d'un concept préalable ?

LL : Aucune démarche ne justifie le choix des couleurs, juste des évidences. Je peins par instinct, une improvisation quotidienne. J'utilise pour mes visages des nuances d'or et d'argent qui évoquent à mes yeux la préciosité de l'âme. Quant à mes personnages, c'est ma vision de la vie qui est visiblement gaie et très colorée.

BL : Quand vous commencez un travail, comment vous procédez ? Est-ce qu'une idée précède le premier geste, une émotion particulière, une ambiance ? Y a-t-il un temps de gestation avant le travail en atelier ?

LL : Après avoir peint des sujets très différents, je me suis finalement arrêtée instinctivement sur deux thèmes différents sur lesquels je navigue par alternance. Ils paraissent très différents, mais ont pour fil rouge une histoire de femmes : une ode à leur féminité, à leur sensibilité, leur créativité, leurs défis, leur courage, leur dignité et tout l'amour qu'elles transmettent en le portant à bout de bras.

Tout d'abord, des visages aux yeux fermés, en pleine intériorité et en pleine conscience parce qu'avant de voir, il faut regarder en soi-même, se découvrir, se connaître pour revenir à notre vrai « moi », dépouillé de toute forme de vernis social. Une renaissance !

Puis des personnages dont on aurait capturé des instants de vie, des instants de grâce. Gais, légers et délicats évoluant dans des harmonies de couleurs heureuses. Les personnages ont la particularité de ne pas avoir de visages définis. J'ai voulu, dans ce cas, que les attitudes suffisent à l'expression d'une émotion. Ne voyez là aucune prétention. Je m'amuse avant tout.

BL : Les œuvres contemporaines des artistes femmes marocaines sont nourries d'une volonté de détachement des règles. Cette remise en question des limites des canons académiques, leur permet tantôt de passer d'une forme à une autre, tantôt d'en explorer plusieurs en même temps. Ce regard libre introduit une certaine distance vis-à-vis de l'espace-temps et de l'environnement socio-culturel et politique. Ce décrochage passe par exemple par l'interrogation du corps. Cette présence du corps est quasi permanente dans votre peinture. Dans quelle mesure et de quelle manière votre peinture intègre-t-elle cette notion de liberté ? Quelle est la place du corps dans vos créations ?

LL : J'ai passé tellement de temps à tout intellectualiser lors de mon parcours dans la communication, que la peinture représente pour moi l'espace d'une totale liberté. J'ai travaillé à me dé-former, à ce que tout ne soit plus « carré », à être libre ! Á intégrer dans mes toiles tout ce qui me tombe sous la main, papier, tissu, une incessante exploration.
Je peins des corps parce qu'un corps ne saurait mentir, une expression, une attitude qui racontent une histoire, des émotions. Voilà ce qui me plaît.

BL : Il semblerait que chacune de vos toiles est revisitée plusieurs fois, retravaillée jusqu'à retrouver cette lumière dont on a parlé avant. A quel moment considérez-vous que votre tableau est fini ?

LL : Il m'est arrivé de revenir à un tableau plusieurs mois après avoir pensé qu'il était fini. Il m'est difficile de répondre précisément à cette question, car tout dépend de l'histoire de chaque toile.

BL : Une œuvre d'art a toujours besoin d'un regardeur comme « complément de création » pour exister. Quelles attentes avez-vous de votre public et de sa réaction face à vos créations ?

LL : Chaque regard porté sur un tableau est différent. J'avoue avoir beaucoup de plaisir à partager mes émotions avec les autres. J'ai voulu dès le départ peindre des tableaux heureux, gais, apaisants et je suis ravie de savoir que dans ce monde perturbé et perturbant, mes toiles apportent une note positive dans les foyers qui les ont adoptées pour les mêmes raisons qui m'ont amenée à les peindre.

BL : Beaucoup d'artistes femmes s'engagent de plus en plus dans la société civile en faveur des adultes mais aussi des enfants. S'agit-il pour vous d'une manière de sortir le peintre de son atelier ? Quel serait le rôle du peintre, selon vous, dans la société marocaine d'aujourd'hui en particulier et dans le monde de façon générale ?

LL : La démarche me paraît cohérente en partant du principe qu'un peintre est par essence une personne généreuse lorsque son art est sincère, la notion de partage en est le moteur, à fortiori avec ceux qui en ont le plus besoin.

Je trouve aussi qu'il est de notre responsabilité de démontrer tous les champs du possible à un adulte ou à un enfant, et surtout qu'il n'est jamais trop tard. La preuve : je suis arrivée à la peinture à l'âge de 43 ans. Je suis convaincue que chaque être humain a un don, encore faut-il qu'il le distingue et qu'il le développe.

BL : Comment voyez-vous l'avenir de l'art plastique marocain et particulièrement la participation de la femme à l'histoire de cet Art ?

LL : J'espère que la femme marocaine continuera à s'imposer par son talent dans cette société en devenir.

Fatima Mazmouz

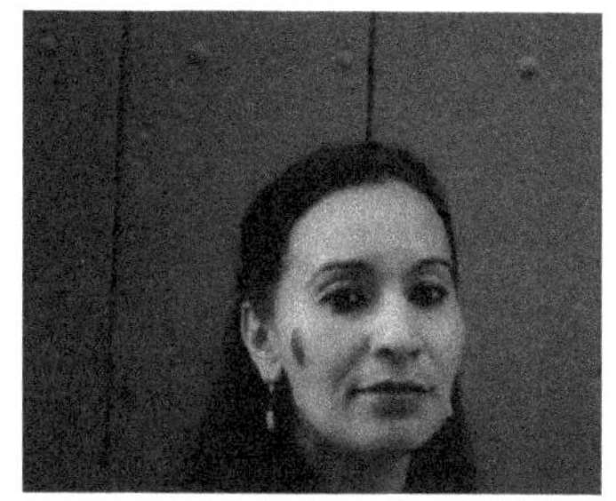

Le travail de Fatima Mazmouz s'est révélé dans toute sa virtuosité au début des années quatre-vingt-dix au Maroc à un moment où la présence des femmes dans la sphère publique devenait de plus en plus visible. Refusant dans un premier temps de s'inscrire dans un mouvement féministe vindicatif et très réducteur, elle ne tarda pas à revendiquer pleinement sa participation à travers son œuvre à ce combat autour des droits des femmes. Photographe-plasticienne, auteure de performances, et écrivaine, l'artiste s'inscrit davantage dans ce que Geneviève Fraisse appelle judicieusement « La construction d'une émancipation propre à alimenter, autant qu'à dérégler, la tradition des arts. »

En effet, elle commence toujours par l'intime pour arriver au politique. Le corps devient dans ce sens un médium permettant d'établir des jonctions entre les deux espaces. Les questions de l'avortement, de la grossesse et de la langue maternelle occupent une place de choix dans son travail. De ce fait l'artiste participe à ce mouvement à la fois d'irrigation de la scène artistique, mais aussi au dérèglement de son espace d'appartenance. Ce faisant, ses créations permettent d'alimenter le champ de la pensée et faire évoluer les mentalités sur ces questions. Á cet égard, elle nous aide à repenser la relation de soi aux autres en révélant les crises qui se jouent dans notre société sans réduire pour autant l'art à cette unique mission.

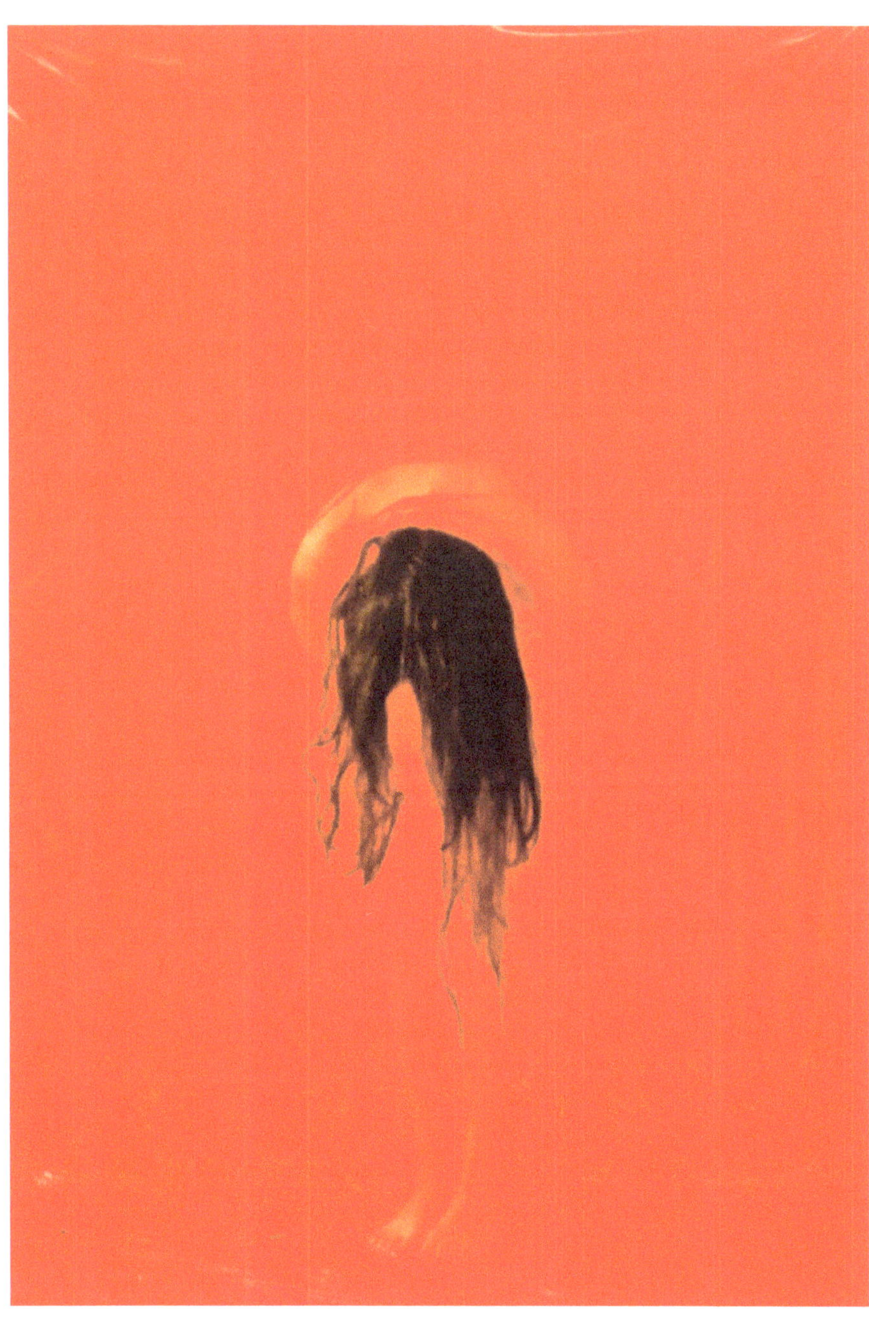

BL : Pour commencer notre échange, j'aimerais revenir avec vous sur votre enfance et votre parcours scolaire. Qui est Fatima Mazmouz ?

MF : Je viens d'une famille de culture berbéro-marocaine. Mon enfance fut baignée dans un monde de contes et de récits absolument magiques. J'étais ainsi partagée entre une culture française et marocaine. Mon parcours scolaire est tout à fait classique : baccalauréat Lettres – Master 1 et 2 Histoire de l'art spécialisée dans l'art contemporain et les pays arabes.

BL : Artiste autodidacte, Comment s'est fait le choix des arts plastiques? Qu'est-ce qui a motivé cette orientation ?

MF : Je m'étais engagée dans des études d'histoire de l'art en pensant inconsciemment m'approcher de ce mystère qu'était pour moi la question de l'identité arabe. Seulement, à travers les sciences humaines, je redevenais l'objet, L'autre : condition que je voulais absolument combattre. Les arts plastiques m'ont permis d'absoudre cette distance en prenant la parole et devenir mon propre sujet, voir me réapproprier le statut de sujet.

BL : Remonter à l'enfance, c'est aussi retrouver la trace des passions, des personnes qui ont compté pour vous et qui ont forgé votre personnalité ou du moins qui vous ont ouvert les yeux sur l'art et la culture en général. Est-ce que vous pouvez nous expliquer votre cheminement et les différentes étapes de votre parcours artistique ?

MF : Ce que je retiens avec mes premières créations, c'est la rencontre fondamentale avec l'appareil photo. IL y a quelque chose d'irréductible dans la mécanique de l'appareil photo qui restitue ce que l'on voit, mais aussi ce que l'on ne voit pas. Ainsi a débuté cette quête artistique. Parmi les artistes qui ont compté pour moi, il y a le peintre Francisco de Zurbaran et les ténébristes espagnols en général avec une appréciation particulière pour le genre de la « nature morte ». J'affectionne aussi beaucoup Georgio de Chirico et le mouvement surréaliste, ensuite l'esthétique d'Alfred Hitchkok, de Luis Bunuel, de la bande dessinée (Comics des années cinquante) et certainement du photographe Joel Peter Witkin.

BL : Votre démarche artistique s'abreuve de votre propre expérience en tant que femme artiste qui devient un matériau artistique. De ce fait, la question identitaire dans ses différentes dimensions est au cœur de vos préoccupations. Votre première série Kitch ou super Oum illustrent par exemple cet investissement de soi comme sujet de votre esthétique. D'où vient cette fascination pour la femme et quelles en sont les motivations ?

MF : Il n'y a aucune fascination pour la femme plus que pour l'homme dans mon travail. Il s'avère que c'est à travers mon corps de femme que le monde se rend sensible à moi. Alors, j'interroge ce prisme qu'est mon corps de femme dans son intimité absolue comme dans sa dimension politique. Evidemment on se rend vite compte des discriminations liées à ce statut quasi inexistant au Maroc et complètement instrumentalisé en Europe (bien qu'en Europe, de nombreuses structures associatives existent et permettent une certaine lutte contre des discriminations.) C'est pourquoi je consacre mon engagement artistique, mais aussi politique à la défense des droits de la femme.

BL : Dans vos différentes créations, vous multipliez les techniques, les formes et les matériaux. Vous explorez la peinture, la photographie, la vidéo et les installations. Pourquoi avez-vous besoin de passer par ces différents supports et quelles sont les spécificités de chacun dans ce que vous cherchez à transmettre à votre public ? Quand vous commencez un travail, comment procédez-vous ? Et à quel moment considérez-vous qu'une œuvre est finie ?

MF : Une œuvre n'est jamais finie pour moi. On peut toujours la décliner à l'infini. Ce que je fais en évoluant dans les concepts que je développe au fur et à mesure… En effet, je commence souvent par mon propre corps comme médium premier à travers l'appareil photo, la vidéo ou les performances. Je travaille principalement avec des archétypes. Pour moi, l'étendu des matériaux vient apporter un éclairage différent de la problématique. Ensuite, il y a certainement une réflexion autour de la réception de l'œuvre qui va aussi surenchérir sur la spécificité d'un type de matériau. Mais je pense que c'est le propre de l'artiste.

BL : Les œuvres contemporaines des artistes femmes marocaines sont nourries d'une volonté de détachement des règles. Cette remise en question des limites des canons académiques, leur permet tantôt de passer d'une forme à une autre, tantôt d'en explorer plusieurs en même temps. Ce regard libre introduit une certaine distance vis-à-vis de l'espace-temps et de l'environnement socio-culturel et politique. Ce décrochage passe par l'interrogation du corps, par l'humour, par le travail de réappropriation des différents matériaux et par la fugacité et le renouvellement des installations et des performances qui exigent une nouvelle perception. Cette présence du corps est quasi permanente dans votre peinture. Dans quelle mesure et de quelle manière intègre-t-elle cette notion de liberté ?

MF : Tout d'abord, mon rapport à la liberté est évident. En tant qu'artiste autodidacte, je ne suis conditionnée par aucune école artistique. La réflexion autour du corps est fondatrice. Je travaille avec mon corps. C'est le seul lien que j'ai avec le réel.

BL : Une œuvre d'art a toujours besoin d'un « complément de création » qui est le regardeur pour exister. Vous concernant, quelles attentes avez-vous de votre public et de sa réaction face à vos créations ?

MF : Je n'ai aucune attente spécifique par rapport à mon travail...Je sais qu'il peut plaire comme déplaire sans qu'il n'y ait de juste milieu. Cependant, je sais qu'il faut laisser le temps au public pour s'accommoder de mes questionnements et de mes travaux qui peuvent être taxés de provocants, bien que ce ne soit jamais l'angle que je choisisse. Par contre, je comprends que la frontalité que je m'impose, puisse être incisive. Par ailleurs, sur le plan politique, je compte sur une certaine mobilisation au niveau de l'espace public et la désacralisation, voire de la déconstruction de certaines questions encore tabou dans nos sociétés...

BL : Beaucoup d'artistes femmes s'engagent de plus en plus dans la société civile en faveur des adultes, mais aussi des enfants. S'agit-il pour vous d'une manière de sortir le peintre de son atelier ? Quel serait le rôle du peintre, selon vous, dans la société marocaine d'aujourd'hui en particulier et dans le monde de façon générale ?

MF : Je pense que notre société est en pleine mutation socio-politique et culturelle...etc. La critique et la philosophie sont quasi inexistantes dans nos espaces de vie au quotidien et je pense que c'est l'art contemporain qui investit ces espaces en permettant des remises en questions presque impossibles grâce aux arts visuels. C'est pourquoi je pense que beaucoup de femmes artistes s'engagent dans la société civile. Et le lien avec l'atelier n'est qu'une étape. Par exemple, après avoir réalisé toutes mes investigations en extérieur, je reviens à l'atelier pour concrétiser certaines formes esthétiques.

BL : La création féminine a connu depuis les années 90 un réel essor dans tous les domaines et particulièrement dans les Arts. Comment vous expliquez cet engouement ? Est-ce que vous y voyez par exemple un changement de regard à l'égard des femmes, une libération et une prise en mains de leur propre destin ?

MF : Ce n'est pas un engouement pour moi. Les femmes ont toujours été importantes dans le monde des Arts. Seulement aujourd'hui, certainement que la misogynie tyrannique liée à ce milieu tend à donner un peu plus de visibilité à la création féminine (rires..., j'exagère un peu volontairement...). Les écoles des beaux-arts et la presse ont véhiculé aussi l'image de femmes artistes ayant réussi et qui sont reconnues. Elles sont donc désormais valorisées. Et c'est dans ce sens aussi que je pense que la société change...

BL : Comment voyez-vous l'avenir de l'art plastique marocain et particulièrement la participation de la femme à l'histoire de cet Art ?

MF : Plutôt brillant. Je pense que les femmes seront encore plus nombreuses dans les générations à venir et qu'elles développeront davantage de sujets propres aux femmes ou pas d'ailleurs, car le danger serait de vouloir les cantonner à des Histoires de Femmes... et je reste alerte à mettre en avant les libertés individuelles quelles qu'elles soient pourvu qu'elles prennent le pas sur toute forme de tyrannie intellectuelle...

Mehadji Najia

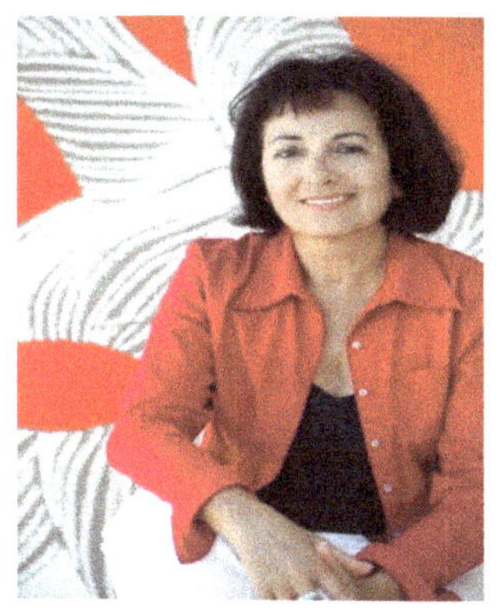

Il y a des artistes qui sont viscéralement réfractaires à la catégorisation. Najia Mehadji en fait partie par un travail pictural qui se situe résolument dans ce qu'on pourrait appeler une esthétique de l'entre-deux. En effet, ses créations qui explorent une multitude de formes et de supports en passant du dessin à la peinture, de l'abstraction à la figuration, de la couleur et à la lumière, du dehors au dedans, sont traversées par un souffle libérateur qui va au-delà d'un simple plaisir esthétique. C'est un acte de transformation. Une expérience vitale. Son passage par le théâtre a incontestablement influencé sa conception de la création dans la mesure où il lui a permis d'explorer cette énergie que recèlent le geste, l'écoute, ou encore les rituels venus d'ailleurs comme le Nô japonais ou les Derviches tourneurs au sein desquels le corps et le mental ne sont pas séparés. C'est ainsi que le métissage des cultures, le questionnement des matériaux de la peinture par les motifs géométriques abstraits des tapis et de la broderie marocaine restent au centre de ses préoccupations. Il y a toujours dans ses œuvres, l'idée d'un « passage » entre le visible et l'invisible. Par exemple, dans ses dernières séries, la ligne exprime, dans une même scansion rythmique, un même geste, un même flux de sensation, les battements d'un cœur, ou le flux et le reflux de vagues. Et pour aller à l'essentiel, pour parvenir au geste « juste », elle se restreint volontairement à peu de couleurs et utilise des matériaux simples, choisis par nécessité, en fonction des thèmes. De ce fait, elle part toujours d'un concept unissant la sensation et l'émotion, le temps et la grande durée permettant à chaque « regardeur » d'interpréter une toile à sa guise. Cette sensibilité pensante qui caractérise sa conception artistique lui permet d'interroger les « pointes de créations » et de « déterritorialisation » que Deleuze évoque justement dans *Mille plateaux* pour mettre l'accent sur la place de l'hétérogène dans un agencement. C'est dans cette relation de soi à l'autre que l'œuvre de Najia Mehadji se ressource et nous irrigue de son humanisme.

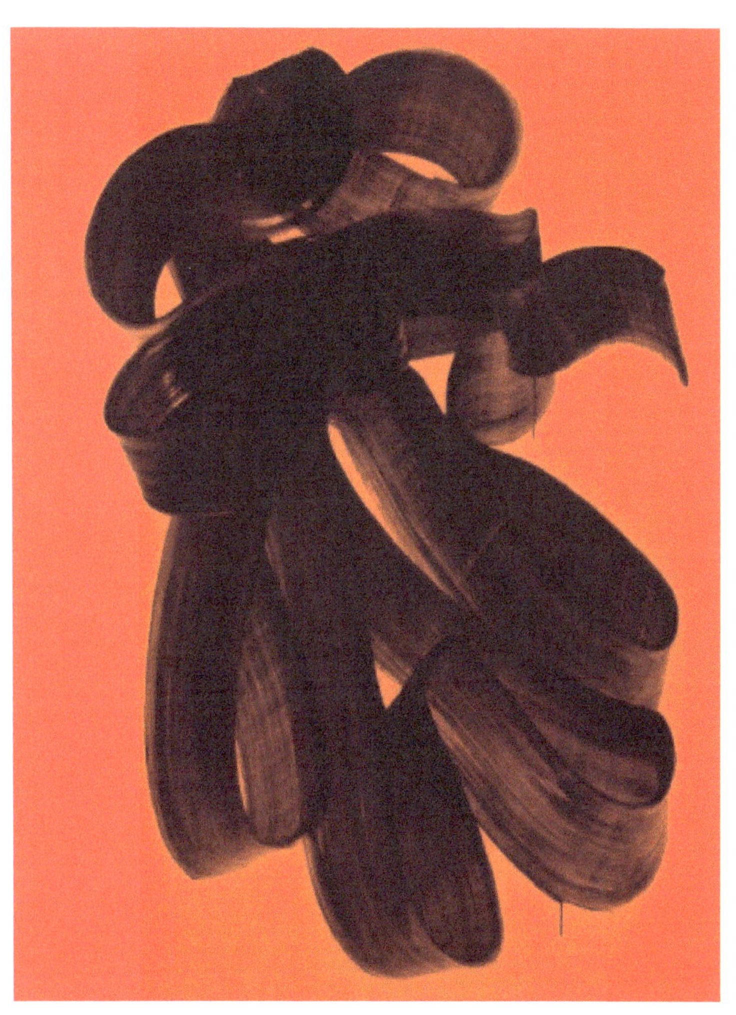

Drapé, d'après *La Valse* de Camille Claudel

BL : Pour commencer, j'aimerais revenir avec vous sur votre enfance et votre parcours scolaire. Qui est Najia Mehadji ?

MN : Je suis née en 1950 et j'ai vécu mon enfance et mon adolescence à Paris. Ma famille est originaire de Fès. Je suis diplômée de l'école des beaux-arts de Paris et j'ai soutenu mon mémoire sur Paul Cézanne en 1973. J'ai commencé à peindre, en France, dès l'âge de dix ans, à partir de cartes postales que je me procurais pendant les vacances, notamment en bord de mer. Mes premiers tableaux peints à l'huile sur isorel représentaient des vagues ou un port de pêche avec ses barques… J'aimais déjà les moments de solitude que me procurait la peinture.

BL : Remonter à l'enfance, c'est aussi retrouver la trace des passions, des personnes qui ont compté pour vous et qui ont forgé votre personnalité ou du moins qui vous ont ouvert les yeux sur l'art et la culture en général. Est-ce que vous pouvez nous expliquer votre cheminement et les différentes étapes de votre parcours artistique ? Vos premières créations ?

MN : Mes premiers prix de dessin, au lycée, ont incité ma mère à m'inscrire à un cours de dessin au Musée des arts décoratifs à Paris. Là, j'ai commencé à être passionnée par la peinture, puis je suis entrée aux Beaux-Arts et j'ai suivi parallèlement des études d'histoire de l'art à Paris1 Sorbonne et de Théâtre contemporain à Paris VIII (Vincennes). C'est cette dernière «discipline», le théâtre expérimental de Grotowsky et de Peter Brook, qui m'a apportée le plus concernant ma démarche picturale ; que ce soient le geste, l'énergie, l'écoute, la découverte de rituels venus d'ailleurs comme le Nô japonais ou les Derviches tourneurs au sein desquels le corps et le mental ne sont pas séparés. Je fréquentais aussi des femmes intellectuelles ou artistes comme celles de la revue « Sorcières » qui, lorsque j'avais vingt-cinq ans, m'ont aidée en y publiant mes premiers dessins. Je participais au collectif « Femmes/Art » qui, dans les années 70, à Paris, se réunissait chaque semaine dans l'atelier de telle ou telle artiste pour y voir ses œuvres et les commenter. Parallèlement, les « chocs esthétiques » qu'ont pu me procurer la génération de l'après-guerre des artistes américains, Rothko, De Kooning, Pollock, Motherwell, les artistes femmes que j'ai croisées à cette époque –comme Joan Mitchell ou Judith Reigl – m'ont beaucoup intéressée.

BL : Peindre, c'est vivre une expérience qui va au-delà d'un simple plaisir esthétique. C'est un acte de transformation et de libération à la fois de l'artiste et du regardeur. Cela n'est pas sans nous rappeler la fameuse phrase de Deleuze selon laquelle « l'artiste est celui qui libère la vie ». Comment se manifeste cette préoccupation dans vos créations ?

MN : Votre citation de Gilles Deleuze m'interpelle tout particulièrement, car mes œuvres captent des flux, des mouvements, des rythmes… La pensée fertile de Deleuze m'accompagne souvent : ses concepts de « diagramme » ou « d'image-affect » ont influé mon travail.

BL : Dans votre démarche artistique, la dialectique matériel/immatériel et intérieur/extérieur occupent une place de choix. Vos réalisations jouent de la relation entre l'espace et la lumière, les volumes et les sensations tout en unissant le concept et la perception. Cette approche se nourrit de cultures différentes, arabo-islamique, japonaise, chinoise…etc. Pourriez-vous nous dire comment cela se traduit-il dans vos diverses séries ?

MN : Mes premières toiles grand format, les *Icares* que j'ai réalisées en 1985, à Essaouira, abordaient déjà « le métissage des cultures » en proposant une synthèse entre le mythe grec de l'excès et de la brûlure, le questionnement des matériaux de la peinture par le mouvement avant-gardiste *Support-Surfaces* durant la fin des années 70, et les motifs géométriques abstraits des tapis et de la broderie marocaine. Avec la série des *Coupoles* de 1993-95, j'ai abordé pour la première fois les schèmes géométriques de l'architecture de l'Islam tout en les confrontant à une gestuelle picturale « explosive » suggérant un big-bang cosmique. Il y a toujours dans mes œuvres, l'idée d'un « passage » entre le visible et l'invisible. Par exemple, dans mes dernières séries, la ligne exprime, dans une même scansion rythmique, un même geste, un même flux de sensation, les battements d'un cœur, ou le flux et le reflux de vagues…

BL : Vous dites dans une de vos interviews « pour capter le flux il faut aller à l'essentiel ». Dans quelle mesure ce choix détermine-t-il les supports et les matériaux, les couleurs et la rythmique du gestuel que vous mobilisez dans vos créations ?

MN : Pour aller à l'essentiel, pour parvenir au geste « juste », je me restreins volontairement à peu de couleurs, deux ou trois maximum, et j'utilise des matériaux simples, « efficaces », choisis par nécessité, en fonction des thèmes.

BL : L'Art c'est aussi une expérience qui suppose une appropriation personnelle, sensitive et émotive. Cette quête spirituelle est-elle présente dans votre travail et qu'est-ce qui la motive ?

MN : J'ai toujours pensé que le corps et l'esprit sont intimement liés. Qu'ils s'enrichissent réciproquement l'un l'autre. J'aime la lumière, la nature, la musique, le cinéma, la littérature, tout ce qui transcende le réel.

BL : La création féminine a connu depuis les années 90 un réel essor dans tous les domaines et particulièrement dans les Arts. Comment expliquez-vous cet engouement ? Est-ce que vous y voyez par exemple un changement de regard à l'égard des femmes, une libération et une prise en mains de leur propre destin ?

MN : L'apparition progressive de femmes artistes depuis deux décennies (ce fut plus laborieux qu'on ne le croit, la lente émergence de cette part de la création humaine dans les galeries et les musées occidentaux), montre qu'elles s'affranchissent le plus souvent de l'histoire de la peinture en explorant de nouveaux médiums. La nouvelle génération privilégie des pratiques récentes, la photographie, la vidéo, l'installation... La peinture a une histoire fabuleuse, mais presque exclusivement masculine. En fait, c'est un médium très périlleux parce qu'il vous confronte à des artistes qui ont traversé les civilisations et les siècles... C'est très difficile d'innover dans la peinture. Difficile mais pas impossible. De nos jours, à l'heure de la mondialisation, en Occident ou en Orient, il y a de grands peintres contemporains qui inventent, qu'ils soient homme ou femme, la peinture de demain.

BL : Le public est ce complément d'âme sans lequel une œuvre demeure incomplète. Vous concernant, quelles attentes avez-vous de votre public, de sa réaction face aux formes et aux couleurs de vos tableaux ?

MN : Mes œuvres sont plurielles, ouvertes quant aux sens et au sens. A chacun de percevoir ce qui lui correspond. Je pars toujours d'un concept unissant la sensation et l'émotion, le temps et la grande durée, mais chaque « regardeur » est libre de ses interprétations.

BL : Qu'est-ce que vous pensez des critiques selon lesquels la peinture marocaine d'aujourd'hui souffre d'un certain éclatement, variété des techniques et des références, absence d'un principe esthétique fédérateur comme c'était le cas pendant les années soixante ?

MN : L'art contemporain marocain est très diversifié. Et c'est tant mieux. Il y a – cette décennie – une dynamique très créative, la société évolue, la culture fait désormais partie des priorités du Maroc, de nouvelles galeries et de nouveaux musées s'inaugurent, des commissaires d'expositions et de critiques d'art s'affirment. C'est une vague qu'il faut amplifier parce que la culture lutte à sa manière pour les valeurs humanistes que nous avons en partage, en résistant aux fanatismes et aux barbaries qui endeuillent l'actualité...

Mezouar Wafaa

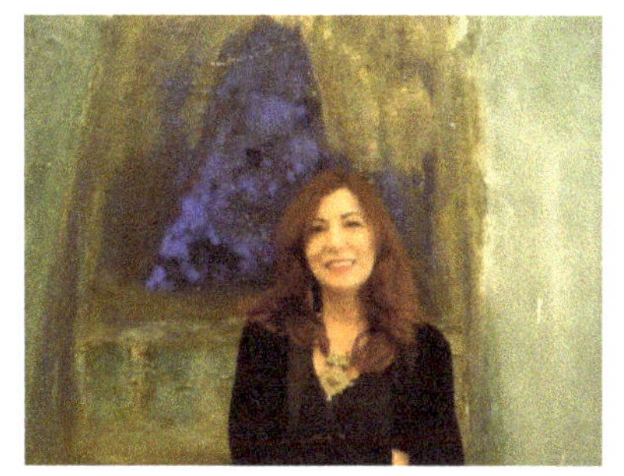

L'exploration des voies du patrimoine marocain est l'un des enjeux majeurs de la peinture de Wafaa Mezouar. A l'instar d'illustres prédécesseurs comme Cherkaoui par exemple, elle ne cesse d'en sonder les signes et les différents symboles. Dès les années 90, elle s'est spécialisée dans l'art abstrait contemporain, utilisant acrylique, pigments naturels historiques et produits de récupération. Ses peintures sont décrites comme étant organiques, texturales, dimensionnelles et spirituelles. L'histoire du patrimoine marocain en général occupe une place importante dans ses toiles. Les Vieilles ruelles de la médina de Fès, de Rabat et la Kasbah de Tanger, mais aussi les Jbala pour leurs silhouettes, leurs vêtements et leurs couleurs. Les pigments naturels de la poterie, des tanières, les couleurs et les parfums sont issus de ces territoires qui l'habitent. C'est le cas aussi des autres matériaux qu'elle utilise comme le sable, le papier et toutes les composantes texturales. L'artiste se dit, très connectée aux éléments bruts qui l'entourent : les saisons, la nature, les énergies, les sons, les lumières…etc. Sa démarche artistique cherche à développer un langage universel. C'est le langage du cœur et du ressenti.

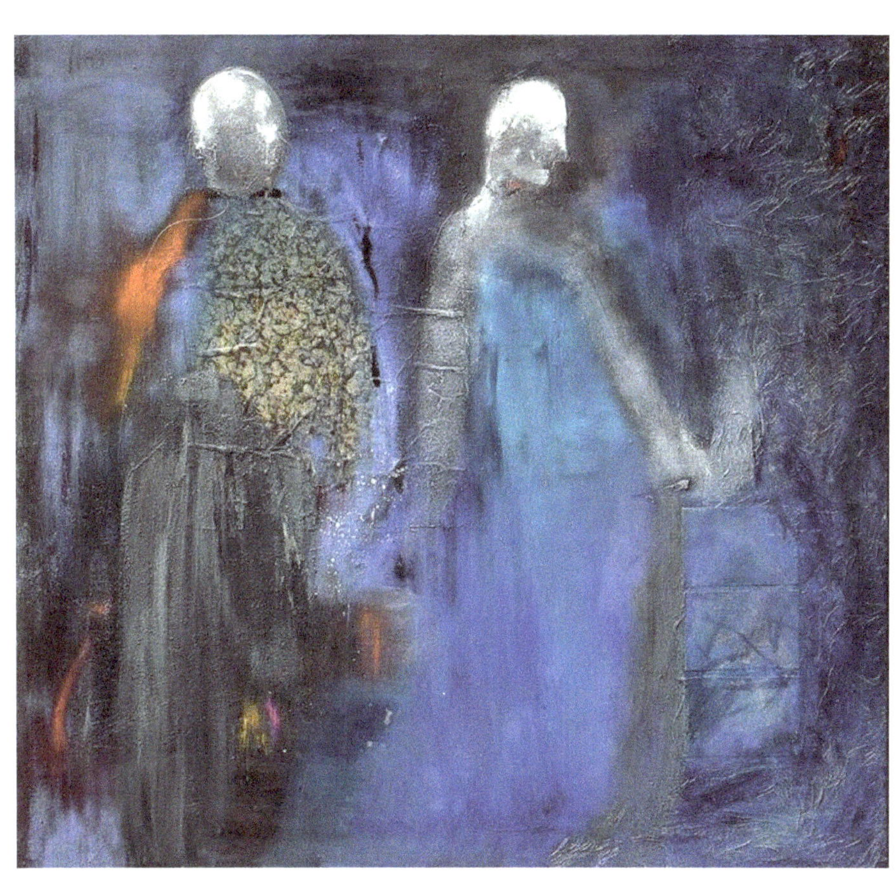

BL : Pour commencer notre échange, j'aimerais revenir avec vous sur votre enfance et votre parcours scolaire. Qui est Wafaa Mezouar ?

MW : Toute petite je baignais dans un monde familial coloré. A la maison, ma mère faisait de la broderie colorée comme un jardin : inspiration et rêves. J'étais très manuelle. Je fabriquais des poupées de chiffons, des marionnettes et des maquettes en carton.

J'ai grandi à Tanger dont la lumière m'a beaucoup inspirée. Ce fut un monde très ouvert à l'international et moderne. C'est aussi le souvenir de l'école des sœurs avec beaucoup de travaux manuels. Mes créations sont aussi inspirées par la ville de Fès, ses artisans et ses travaux manuels. Je n'oublie pas non plus la ville de Rabat, son Histoire et ses murs craquelés des Oudaya. Chaque mur est une vraie toile. Ayant grandi à Rabat, j'ai toujours été inspirée par l'histoire et la beauté de cette belle ville chargée d'histoires et d'empreintes laissées par le temps. C'est à ce moment-là que j'ai eu l'idée d'explorer la matière pour commencer cette toile blanche. Ce fut le déclic et le véritable départ pour ma carrière artistique. Vous remarquerez toujours ces fissures dans mes toiles…! C'est mon empreinte et ma sensibilité…elles reflètent le miroir de ma vie…!

BL : Diplômée de l'école nationale supérieure des Beaux-Arts de Casablanca, comment s'est fait le choix des Arts Plastiques? Qu'est-ce qui a motivé cette orientation ? Quelles sont les principales influences sur votre art et notamment vos premières créations ? Quels sont les peintres qui ont compté particulièrement dans votre formation ?

MW : J'ai toujours eu la motivation d'être une artiste de profession et d'apparaître un jour dans les journaux. Issue d'une famille nombreuse de 11 enfants, j'ai toujours vécu dans mon monde à moi plongée dans mes rêves et mon imaginaire. Je n'ai jamais cessé de créer. Toute activité d'expression m'attirait : danse, chant, théâtre, dessin et bricolage.

Mon frère aine Kebir, qui était mon parrain, a vite détecté mon talent et malgré les fermetures d'esprit de l'époque, il a tout fait pour développer davantage mes talents créateurs en m'inscrivant à l'école des Beaux-Arts de Casablanca. Il a cru en moi et je lui dois ma carrière prestigieuse aujourd'hui.

BL : Remonter à l'enfance, c'est aussi retrouver la trace des passions, des personnes qui ont compté pour vous et qui ont forgé votre personnalité ou du moins qui vous ont ouvert les yeux sur l'art et la culture en général. Est-ce que vous pouvez nous expliquer votre cheminement et les différentes étapes de votre parcours artistique ?

MW : Mon frère Kebir a été une personne clé dans mon ouverture sur le monde moderne de l'art et la culture en général. Il m'a toujours emmené à des vernissages, évènements culturels en général. IL m'a mise en contact avec ses amis artistes de l'époque, dont Mohamed Melihi et d'autres artistes et designers étrangers,

Tôt dans ma vie, j'ai montré des signes de ma vocation artistique. J'ai rejoint l'institut des Beaux-Arts de Casablanca où je me suis spécialisée en arts visuels. On dit qu'un vrai professeur d'art est celui qui sait stimuler chez ses étudiants un potentiel créatif. Pour moi, l'influence d'Anna Hafids est indiscutable. Anna m'avait initiée à une forme d'art encore inconnue au Maroc: la tapisserie d'art moderne. Depuis, j'ai dévoué quinze années de ma carrière à cette forme d'art avec un succès distingué. Dans les années 90, je me suis spécialisée dans l'art abstrait contemporain, utilisant acrylique, pigments naturels historiques et produits de récupération. Mes peintures sont aujourd'hui décrites comme étant organiques, texturales, dimensionnelles et spirituelles.

BL : Votre démarche artistique s'abreuve du patrimoine marocain. Cela suppose un investissement de cet espace, sa culture, son histoire, ses mémoires et son imaginaire. Cela influence sans doute vos choix esthétiques, les techniques, les formes, les matériaux et les couleurs que vous utilisez. Pourriez-vous nous raconter cette expérience ?

MW : Effectivement, mes créations sont inspirées comme je vous l'ai dit par tous ces murs craquelés de Rabat. L'histoire des murs et du patrimoine marocain en général occupe une place importante dans mes toiles. Les Vieilles ruelles de la médina de Fès, de Rabat et la Kasbah de Tanger, mais aussi les Jbala pour leurs silhouettes, leurs vêtements et leurs couleurs. Les pigments naturels de la poterie, des tanières, les couleurs et les parfums sont issus de ces territoires qui m'habitent. C'est le cas aussi des autres matériaux que j'utilise comme le sable, le papier et toutes les composantes texturales.

BL : Aujourd'hui, le monde est un vaste village connecté. Cette « déterritorialisation » pour reprendre une expression de Deleuze, influence aussi les arts. Elle participe à l'émergence d'une esthétique où le dialogue et le métissage sont fondamentaux. Vos créations sont investies par le souci d'un dialogue permanent entre modernité et tradition. Comment vos choix esthétiques arrivent-ils à concilier à la fois cette grammaire internationale de l'art contemporain et la singularité qui est la vôtre ?

MW : Je me suis spécialisée dans l'art abstrait utilisant des techniques mixtes, un mélange de matériaux en mettant en avant la matière. Je me considère comme étant une personne très connectée aux éléments bruts qui m'entourent : les saisons, la nature, les énergies, les sons, les lumières, etc. D'ailleurs, les critiques d'art décrivent mon travail comme étant organique, textural, dimensionnel et spirituel. Ils estiment qu'il est donc compris par tous. Je parle un langage universel. C'est le langage du cœur, du ressenti, de l'imaginaire et de l'inconscient qui est véhiculé par mes œuvres.

BL : Quand vous commencez une toile, comment vous procédez ? Est-ce qu'une idée précède le premier coup de pinceau, une émotion particulière, une ambiance ? Y a-t-il un temps de gestation avant le travail en atelier ?

MW : Lorsque les émotions sont fortes, il s'agit d'un art inconscient. C'est-à-dire que le ressenti prend le dessus sur mes gestes et le spectateur peut ressentir cette force qui en émane. À D'autres moments, je peins comme si je raconte une histoire ou je construis au fur et à mesure une trame.

BL : Les œuvres contemporaines des artistes femmes marocaines sont nourries d'une volonté de détachement des règles. Cette remise en question des limites des canons académiques, leur permet tantôt de passer d'une forme à une autre, tantôt d'en explorer plusieurs en même temps. Ce regard libre introduit une certaine distance vis-à-vis de l'espace-temps et de l'environnement socio-culturel et politique. Ce décrochage passe par l'interrogation du corps, par l'ironie, par le travail de réappropriation des différents matériaux qui exigent une nouvelle perception.

Vos créations explorent ce paradigme via le détournement des signes et des paradigmes liés au corps. Pourriez-vous nous préciser davantage cette approche ?

MW : Oui effectivement, je m'intéresse par exemple aux cultures brutes comme celle d'Imilchil. À travers ce patrimoine de grande valeur, s'exprime une forte authenticité et une grande énergie. L'exploration de ce patrimoine en réinvestissant certains signes et gestuels peuvent nous apprendre beaucoup sur la nature humaine.

BL : L'Art c'est aussi une expérience qui suppose une appropriation personnelle, sensitive et émotive. C'est aussi une aventure de l'esprit. Une interrogation sur la place de l'être dans un monde éphémère. Cette quête spirituelle est-elle présente dans votre travail et qu'est-ce qui la motive ?

MW : La forme d'art que je pratique est avant tout spirituelle. Chaque œuvre est une réflexion et une sagesse acquise en rapport avec mon vécu et celui de mon entourage que j'observe.

BL : A quel moment considérez-vous que votre tableau est fini ?

MW : Je ressens qu'une œuvre est achevée lorsqu'elle aboutit à une harmonisation et un équilibre final que je ne saurais jamais décrire. C'est juste un ressenti. Cependant il m'arrive de retoucher l'œuvre dans le temps. C'est le signe de l'évolution de mes sentiments sur le sujet exprimé dans la toile.

BL : Une œuvre d'art a toujours besoin d'un « complément de création » qui est le regardeur pour exister. Quelles attentes avez-vous de votre public, de sa réaction face à vos tableaux ?

MW : Tout d'abord, je n'attends rien de mon public face à mes œuvres, car le but est de donner la liberté au spectateur d'interpréter les formes, texture, mouvement et couleurs à leur manière. En fonction du vécu, la couleur rouge par exemple peut signifier le désir pour l'un et la fatalité pour l'autre.

BL : Beaucoup d'artistes femmes s'engagent de plus en plus dans la société civile en faveur des adultes mais aussi des enfants. S'agit-il pour vous d'une manière de sortir le peintre de son atelier ? Quel serait le rôle du peintre, selon vous, dans la société marocaine d'aujourd'hui en particulier et dans le monde de façon générale ?

MW : Le peintre a clairement un rôle à jouer dans la société d'aujourd'hui et en particulier la femme artiste, car elle jouera un rôle d'éducatrice. Autrement dit, en tant que mère, elle peut inculquer l'art dans les mœurs. Les plus grandes civilisations dites féminines, telles que les Etats-Unis d'Amérique, ont vu leur société se développer à travers l'art de manière générale (musique, cinéma, peinture, écriture etc...). L'art joue un grand rôle social et politique dans l'évolution d'un pays, et c'est pour le bien être de son âme.

BL : La création féminine a connu depuis les années 90 un réel essor dans tous les domaines et particulièrement dans les Arts. Comment expliquez-vous cet engouement ? Est-ce que vous y voyez par exemple un changement de regard à l'égard des femmes, une libération et une prise en mains de leur propre destin ?

MW : Depuis le début de ma carrière dans les années 80, je me suis toujours battu en tant qu'artiste de sexe féminin. J'ai su m'imposer à travers mon art et tenu à me faire entendre dans les différents coins du globe en participant à de nombreux festivals et symposiums d'art. Commençons par le Maghreb, notamment la Tunisie où j'ai décroché une médaille d'or en 1993, puis l'Asie, l'Amérique et enfin l'Europe où j'ai décroché mes plus grands prix comme la médaille de Bronze à Dauphine Arts, Sciences et Lettres à Paris en 2011 et deux médailles d'or aux Jeux Olympiques Fine Art de Londres en 2012. Les œuvres gagnantes sont aujourd'hui exposées à vie au Musée International de Pékin en Chine. Je ne suis qu'un exemple parmi tant d'autres femmes qui ont persévéré et qui ont su faire leur place.

BL : Comment voyez-vous l'avenir de l'art plastique marocain et particulièrement la participation de la femme à l'histoire de cet Art ?

MW : La femme Artiste marocaine a toujours été marginalisée par l'homme au Maroc, mais elle a su tout de même s'imposer sur la scène artistique. Cependant, j'aurais aimé plus de solidarité entre les femmes artistes. Malheureusement, les évènements artistiques et culturels autour de la femme au Maroc sont généralement organisés par des hommes. Il serait plus intéressant que les femmes artistes prennent elles-mêmes des initiatives artistiques afin de soulever des causes qui touchent directement la femme marocaine.

Rezki Amina

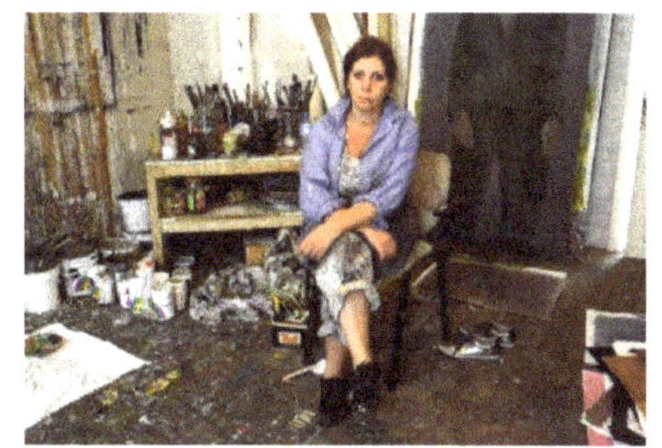

Comme les mots sont impudiques, selon l'artiste Amina Rezki, la peinture s'avère dans son cas le moyen le plus adéquat pour rendre compte des tribulations de l'homme dans ce monde. Elle n'est pas sans nous rappeler le travail d'illustres artistes comme Bacon, Giacometti, Lucien Freud, Velasquez, Rubens et Andrews. La déchirure humaine qui nous frappe dans ses portraits nous renvoie inévitablement à ce leitmotiv d'un univers dénué de sens. Chez elle, il y a toujours ce portrait ou ce personnage qui ressort, car en réalité elle est très sensible à l'humain. Très attentive à la vie des autres et à ce qu'ils peuvent ressentir quel que soit l'endroit où ils se trouvent, l'artiste développe une démarche artistique ancrée dans la brutalité du monde. Sa peinture est souvent qualifiée de sombre, mais elle ne cherche pas à s'en défendre. Bien au contraire, elle revendique un regard sincère et sans fioriture. Pour elle, la peinture, c'est quelque chose qui doit faire vibrer. Quand le regardeur est devant une de ses réalisations, il doit partager son ressenti. Cette souffrance et cette horreur qui rejaillissent de ses portraits ne nous laissent pas insensibles. Par leur récurrence, ils s'imposent comme une véritable allégorie de la déchirure.

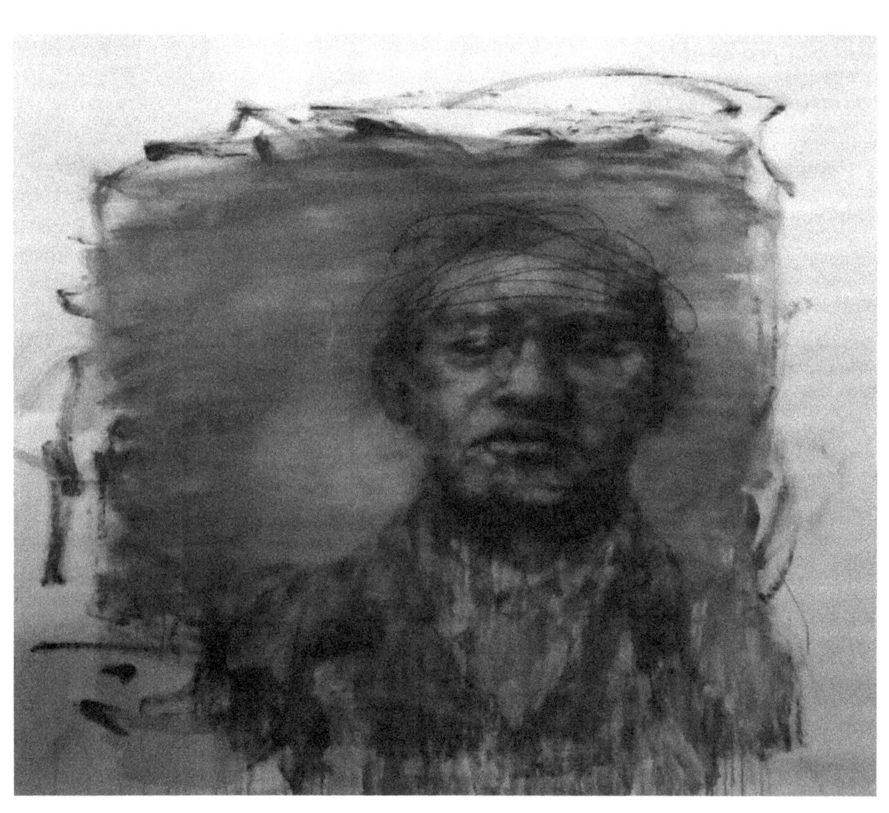

BL : Pour commencer notre échange, j'aimerais revenir avec vous sur votre enfance et votre parcours scolaire. Qui est Amina Rezki ?

RA : Ma famille a émigré en 1967 vers la Belgique pour rejoindre mon père parti en 1962. Pour moi, ça n'a pas été facile au début. En tant qu'enfant, c'était un arrachement à ma terre. J'ai donc fait toute ma scolarité en Belgique jusqu'aux Beaux-Arts en 1982. Après, je me suis mariée et j'ai eu 8 enfants. J'ai donc mis la peinture entre parenthèse pendant une quinzaine d'années pour m'occuper de leur éducation. Quand ils ont grandi, j'ai donc décidé de reprendre mes rêves que je nourrissais tellement quand j'avais 18 ans. La question était de savoir si je devais me contenter de jouer le rôle de l'épouse et de la mère ou reprendre mes rêves de jeunesse, à savoir me consacrer à la peinture. J'ai ainsi repris les cours du soir pendant 6 ans. Alors qu'on ne devait y aller que deux fois par semaine, j'y allais tous les jours pour rattraper tout ce temps où je suis restée très loin de ma passion. A la fin de mes études, j'ai donc demandé à un membre du Jury, le grand artiste et ancien directeur de l'académie d'art d'Uccle, Arié Mandelbaum, s'il ne connaissait pas quelqu'un qui pourrait me louer un atelier. Comme il appréciait beaucoup ma peinture, Il m'a donc proposé de venir travailler dans son atelier. Au bout d'un an, j'ai donc eu l'opportunité d'aller exposer au Maroc à AB Galerie à Rabat avec Abla Ababou qui m'a été présentée par Tebari Kantour que je remercie beaucoup. Depuis cette année-là, je n'ai plus cessé d'exposer.

BL : Remonter à l'enfance, c'est aussi retrouver la trace des passions, des personnes qui ont compté pour vous et qui ont forgé votre personnalité ou du moins qui vous ont ouvert les yeux sur l'art et la culture en général. Quelles sont vos principales influences ?

RA : La première personne qui m'a ouvert les yeux sur le dessin fut mon père. Je pense que c'était un artiste qui avait toujours un petit carnet avec son bic et il passait son temps à dessiner des portraits. Puis à l'âge de 9 ans quand j'étais en CE2 à l'école des bonnes sœurs à Bruxelles, j'ai reçu le prix de la gentillesse. C'était une encyclopédie de Rubens. C'était magique. Je pense que j'étais déjà repérée pour mon talent à cette période-là. Je passais donc mon temps à reproduire sans relâche les toiles de Rubens. Je me souviens aussi que j'ai toujours dessiné depuis ma tendre enfance. Après le décès de mon père quand j'avais treize ans, j'ai traversé une période d'hésitation où j'ai dû aussi faire face au refus de ma mère qui ne comprenait pas l'intérêt de poursuivre des études artistiques. En 1982, j'ai donc décidé enfin d'intégrer malgré elle les Beaux-Arts.

Pendant cette période académique, j'ai été très influencée par la peinture de Bacon, Giacometti, Lucien Freud, Velasquez, Rubens et Andrews. Je me rappelle encore de l'examen d'entrée où il fallait réaliser un plâtre de Molière. Pour moi, c'était une question de survie. Je devais réussir à tout prix ce portrait au fusain.

BL : Pouvez-vous nous expliquer votre cheminement et les différentes étapes de votre parcours artistique ?

RA : Il m'est toujours difficile de parler de ma peinture alors que j'ai déjà tout mis dedans d'autant que j'ai l'impression d'être impudique. Quand je peins je ne sais jamais vers quoi je vais aller. Je commence souvent par une touche ou un trait et au fur et à mesure quelque chose m'apparaît. Il y a toujours ce portrait ou ce personnage qui ressort, car en réalité je suis très sensible à l'humain qui me touche profondément. Partout où je me trouve, dans un train ou dans la rue, je suis toujours en train de regarder les gens et d'imaginer ce qu'ils pourraient vivre. On me dit souvent que ma peinture est sombre, mais ça je ne peux rien y faire. Je ne peux pas rajouter de la couleur à mes œuvres, car je ne cherche pas à faire du décoratif. La peinture, c'est quelque chose qui doit faire vibrer. Quand le regardeur est devant une de mes réalisations, j'ai envie qu'il ressente quelque chose. C'est pour cela qu'elle n'est pas faite pour aller avec des fauteuils ou des rideaux dans un salon. Ce n'est pas du décoratif. Je peins parce que c'est une nécessité. Je ne pense pas à l'acheteur. Par conséquent, la question de savoir si on peut vivre ou pas avec ma peinture n'a pas de sens pour moi. La peinture est pour moi un besoin vital. Quand je me réveille, la première chose que je fais c'est d'aller dans mon atelier.

BL : Quand vous commencez un travail, comment vous procédez ? Est-ce qu'une idée précède le premier geste, une émotion particulière, une ambiance ? Y a-t-il un temps de gestation avant le travail en atelier ?

RA : Je travaille des fois à partir de photos. C'est surtout ce qu'il y a à l'intérieur de moi qui doit sortir et apparaître dans mes créations. Je travaille à partir de mes ressentis de façon artisanale, car je ne sais jamais d'avance à quoi je vais aboutir. Les choses se construisent de façon spontanée. Quand le travail est fini, je suis même surprise du résultat. Des fois, un détail peut m'apparaître en cours de réalisation et qui change complètement l'histoire que je suis en train de construire. Dans ces cas-là, il faut effacer, gratter et repartir sur autre chose. Des fois je me demande si une toile peut raconter toutes les histoires qu'elle contient, car ça serait vraiment extraordinaire.

BL : Une œuvre d'art a toujours besoin d'un regardeur comme « complément de création » pour exister. Quelles attentes avez-vous de votre public et de sa réaction face à vos créations ?

RA : Au début ça été très difficile pour moi, surtout au Maroc. En Europe c'est très différent, car les gens connaissent un peu l'histoire de l'art. Je me souviens qu'une fois à l'occasion d'une exposition au Maroc, une dame en regardant une de mes œuvres, sans prêter garde à ma présence, la qualifia de maison des horreurs. Je ne m'attendais pas à une telle réaction. Cela m'a fait beaucoup de peine. Pourtant il n'y avait rien d'horrible. Cette femme a exprimé ce qu'elle avait ressenti à ce moment-là. Je pense que chacun se raconte sa propre histoire devant une œuvre. C'est une histoire de rencontre et de projection de son intériorité sur une création. C'est donc une sorte de dialogue entre la toile et le regardeur. Aujourd'hui, mon travail est apprécié par beaucoup de monde. Ma peinture a réussi à faire sa place. J'ai exposé avec des artistes de renom comme Fouad Bellamine, Hassan Bourquia, Mahi Binebine et bien d'autres encore. Cette réussite est le fruit de ma persévérance. J'ai toujours essayé de tracer ma voix sans chercher à imiter ou à recopier les autres. A force de travail, j'ai fini par imposer mon style. La présence ou pas de la couleur dans mes créations répond à une nécessité et non à une demande extérieure. Je ne fais pas de la peinture pour plaire.

BL : Vous avez évoqué l'inachèvement de vos tableaux. A quel moment estimez-vous qu'une toile est finie ?

RA : Au début c'est très difficile. Il peut arriver des fois qu'on rate de belles choses lorsqu'on ne s'arrête pas au bon moment. Je pense que le regard s'aiguise au fur et à mesure qu'on travaille. On ressent quand on n'a plus rien à dire ou à apporter à la toile. A ce moment-là on arrête.

BL : Beaucoup d'artistes femmes s'engagent de plus en plus dans la société civile en faveur des adultes, mais aussi des enfants. S'agit-il pour vous d'une manière de sortir le peintre de son atelier ? Quel serait le rôle du peintre, selon vous, dans la société marocaine d'aujourd'hui en particulier et dans le monde de façon générale ?

RA : C'est important que les artistes s'impliquent dans ce travail éducatif. Pourtant, il faut signaler que ce n'est pas toujours facile pour les femmes qui doivent assurer plusieurs responsabilités. Travailler à l'extérieur, assumer le rôle d'épouse, de mère et d'artiste, n'est pas toujours une chose évidente. Beaucoup de femmes abandonnent en cours de route même si elles sont diplômées des Beaux-Arts et qu'elles sont aussi talentueuses que les hommes. Il faut avoir beaucoup de courage pour continuer. Il reste encore du chemin avant d'arriver à l'égalité parfaite.

BL : La création féminine a connu depuis les années 90 un réel essor dans tous les domaines et particulièrement dans les Arts. Comment expliquez-vous cet engouement ? Est-ce que vous y voyez par exemple un changement de regard à l'égard des femmes, une libération et une prise en mains de leur propre destin ?

RA : Je pense que les femmes osent maintenant revendiquer leur place dans tous les domaines y compris le champ artistique. En même temps, je ne peux pas trop généraliser non plus, car je ne connais pas trop la peinture des femmes marocaines. Je ne vois pas la peinture sous l'angle du féminin ou du masculin. Personnellement, j'expose souvent avec les hommes et je ne me pose jamais la question de savoir s'il y a une différence entre les deux. On constate néanmoins que de plus en plus de femmes exposent entre elles. S'agit-il d'un manque de maturité de leur art et d'une peur de se confronter aux hommes ? Franchement, je ne sais pas, mais c'est une vraie question. Globalement on constate quand même que la société marocaine a beaucoup évolué ces dernières années. Les femmes s'expriment de plus en plus dans tous les domaines, économique, politique et artistique.

BL : Comment voyez-vous l'avenir de l'art plastique marocain et particulièrement la participation de la femme à l'histoire de cet Art ?

RA : Je pense que la sensibilisation aux arts doit être programmée dès la maternelle. En Europe, les visites des musées et l'initiation à la culture artistique sont programmées très tôt à l'école. Je me souviens quand je venais d'arriver très jeune en Belgique, qu'on nous proposait des visites d'Abbayes où on écoutait la musique classique. Il y avait chaque fois une artiste qui dessinait à côté. Je garde encore dans ma tête le souvenir des quatre saisons de Vivaldi et l'image du tableau d'une artiste qui accompagnait la musique. Ces ambiances sont gravées à jamais dans ma mémoire. Il faut donc multiplier les académies, les musées et les écoles pour ouvrir les yeux des enfants très tôt sur les Arts. C’est par là qu’on commence l’éducation.

Skali Saïda

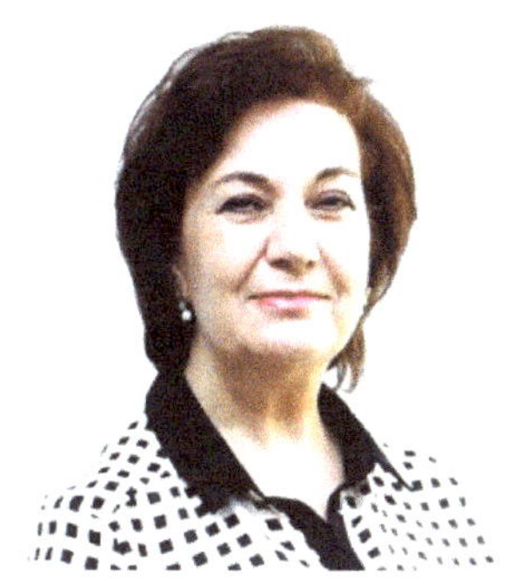

À scruter les œuvres de Saida Skali, on est surpris par la force de la multiplication des traces qui structurent chacune de ses toiles et la saturent. Des ombres qui surgissent de la mémoire de l'artiste pour exprimer une réalité subjective qu'elle tente de reconstruire. Il a fallu attendre sa retraite pour enfin reprendre les pinceaux et renouer avec le vœu d'une institutrice française qui avait cru en elle alors qu'elle montrait déjà toute l'étendue de son talent à l'occasion des ateliers de dessin qu'elle fréquentait quand elle était encore enfant. L'artiste a son propre univers. Elle se cherche, expérimente et utilise tous les matériaux qui lui passent sous la main afin d'en extraire la quintessence susceptible de fixer les bruissements qui peuplent son monde. Sa palette est tantôt sombre, tantôt solaire. Elle obéit à ses ressentis qui envahissent la surface de la toile de façon spontanée et instinctive. Seules ces revenants sans formes stables ni visages semblent constituer la matrice de son œuvre. Tout se passe chez Saida Skali comme si elle tentait de recréer un univers dont elle ignore elle-même les composantes. L'importance réside chez elle plus dans la façon dont le sujet est traité que dans le sujet lui-même. La qualité de la peinture de cette jeune artiste se révèle sans doute par ses enjeux qu'elle ne dit pas et par ses oublis. Ceci n'est pas sans nous rappeler les propos de Gaston Bachelard qui trouve que « les grands succès sont hors métiers. »

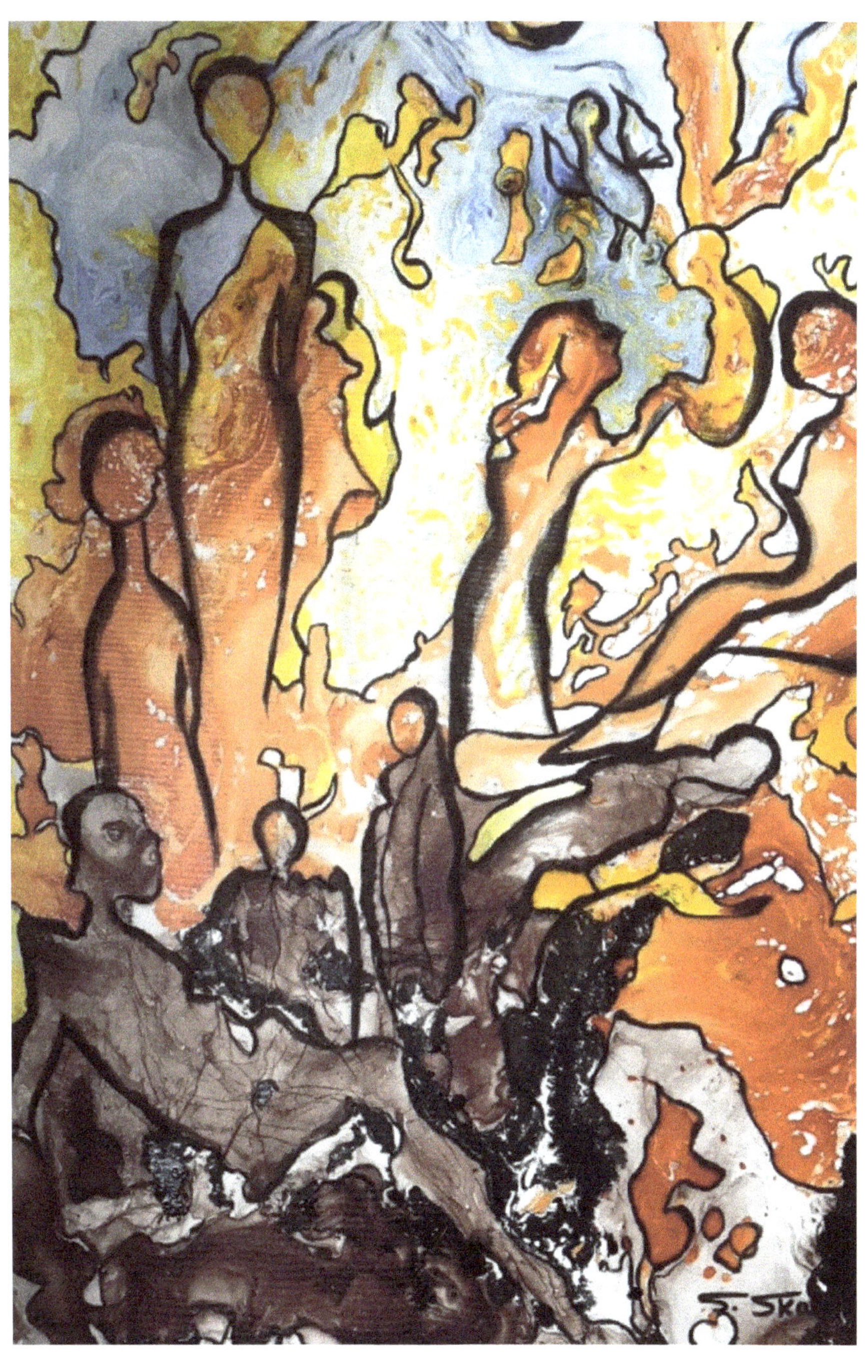

BL : Pour commencer notre échange, j'aimerais revenir avec vous sur votre enfance et votre parcours scolaire. Qui est Saida Skali ?

SS : Je suis issue d'une famille modeste. Mon père travaillait comme comptable dans une société de textile. Ma mère faisait beaucoup de broderie de Fès. La voyant broder, j'ai été très tôt attirée par ce côté artistique et particulièrement la variété des couleurs. Concernant ma scolarité, j'ai effectué mes études primaires dans le privé et le secondaire dans un Lycée d'Etat où les arts plastiques faisaient parti des matières facultatives. J'ai été une des rares à suivre assidument ces cours de peinture qui avaient lieu tous les samedi matin. Il m'arrivait souvent de me retrouver toute seule avec le professeur, car personne ne s'intéressait à l'Art. L'enseignante, qui était française, m'a beaucoup encouragée et m'a donnée envie d'aller plus loin, car elle appréciait ce que je réalisais. Il y avait une symbiose entre nous qui m'a été très bénéfique. Il me semble que mon intérêt pour la peinture vient de là. Je me souviens également que je dessinais beaucoup. Au baccalauréat, j'ai choisi, évidemment, les arts plastiques comme matière facultative ce qui m'a permis d'avoir une très bonne note. Ayant obtenu mon bac avec un prix d'excellence, je me souviens que j'ai eu en guise de cadeau un grand livre sur la «Peinture moderne». Tous ces événements qui ont marqué ma vie m'ont poussée naturellement à aller vers la peinture.

Après, je suis partie à Grenoble pour préparer un BTS d'assistante de Direction. Un jour, un éditeur de livres sur la peinture est venu vendre une collection sur «L'histoire de l'art». Malgré le fait que je n'avais qu'une petite bourse, je l'ai quand même achetée. Si je vous parle de ça, c'est parce que je pense que mon envie et ma soif d'en savoir davantage sur la peinture étaient très fortes et m'ont révélé à moi-même. C'est ainsi que j'appréciais particulièrement tous les voyages et sorties organisés pour les étudiants avec des visites de musées aussi bien en France que dans d'autres pays européens comme l'Allemagne où nous avons visité le Musée d'Art Moderne à Berlin, et en France le Louvre, le Musée Rodin, etc. Un peu plus tard j'ai pu visiter aussi le Centre Georges Pompidou à Paris, le musée Picasso à Madrid et Barcelone et le Musée d'art Blanton à Austin au

Texas. C'est donc tout ce parcours qui a nourri ma culture et a enrichi ma pratique de la peinture.

Pendant toute cette période, je peignais un peu. C'étaient des petits tableaux dont la majorité était offerte. En revenant au Maroc, j'ai occupé le poste d'assistante auprès des différents Présidents de Royal Air Maroc et ceci pendant 25 ans. Je me souviens que dans les bureaux de la présidence, il y avait plusieurs tableaux de peintres marocains de renommée qui m'ont accompagné et nourri pendant toute ma carrière professionnelle.

Ce n'est qu'après ma retraire que j'ai commencé à pouvoir peindre véritablement. Au début, c'était un passe temps. Mon entourage appréciait beaucoup mon travail et m'encourageait à aller plus loin.

BL : Vous êtes une artiste autodidacte, comment s'est fait le choix des arts plastiques ? Pouvez-vous nous expliquer votre cheminement et les différentes étapes de votre parcours artistique ?

SS : Effectivement, je suis une peintre autodidacte. J'ai dû apprendre et me perfectionner toute seule, hormis la période du secondaire quand j'avais un professeur de dessin et de peinture. Comme je ne suis pas contrainte à suivre des règles, je suis constamment à la recherche de nouvelles techniques. Cela me permet d'inscrire ma pratique dans une démarche de perfectionnement permanente avec davantage de liberté. La peinture est devenue pour moi une passion et un moyen d'épanouissement.

BL : Quand vous commencez un travail, comment procédez-vous ? Est-ce qu'une idée précède le premier geste, une émotion particulière, une ambiance ? Y a-t-il un temps de gestation avant le travail en atelier ?

SS : J'utilise beaucoup les pigments naturels ainsi que tous les produits de la nature qui m'entourent. Cela peut être de la paille, des lentilles…l'utilisation de ces produits permet de donner du relief à mes tableaux qui sont faits pour être touchés et non pas uniquement regardés. Je cherche à créer de la proximité avec mes toiles. D'ailleurs, ce geste du toucher une œuvre est inconscient chez moi. Quand je vais dans une exposition, j'ai souvent tendance à toucher les œuvres exposées. Je trouve que ça crée un lien. Mon atelier est un laboratoire d'expérimentation. J'ai beaucoup d'idées que j'ai l'intention de mettre en œuvre prochainement. C'est un travail de longue haleine.

Il m'arrive souvent de prendre une toile sans trop savoir franchement ce que je vais créer. Je prépare le fond, choisis les couleurs et la spontanéité du geste donne des formes auxquelles je ne m'attends pas. Généralement j'ai un style en tête, mais jamais un sujet. A part quand je travaille sur un portrait, ma peinture procède d'émotions et de ressentis instantanés.

BL : A quel moment considérez- vous alors que votre tableau est fini ?

SS : Je considère mon tableau fini lorsque je l'accroche et le contemple de loin. Quand je sens que les couleurs choisies sont en symbiose avec le fond et les formes.

BL : Les œuvres contemporaines des artistes femmes marocaines sont nourries d'une volonté de détachement des règles. Cette remise en question des limites des canons académiques, leur permet tantôt de passer d'une forme à une autre, tantôt d'en explorer plusieurs en même temps. Ce regard libre introduit une certaine distance vis-à-vis de l'espace-temps et de l'environnement socio-culturel et politique. Dans quelle mesure votre peinture intègre-t-elle cette notion de liberté ? Quelle est la place du corps dans vos créations ?

SS : C'est vrai que le corps féminin est présent dans mes tableaux y compris dans les portraits. Je pense que c'est inconscient. Cela est sans doute lié au fait que je suis issue d'une famille où il y avait beaucoup de filles. A part cette lecture des choses, je ne vois pas d'autres explications concrètes.

BL : Le spectateur est d'emblée attiré par cette présence massive des silhouettes qui peuplent vos tableaux. A quoi attribuez-vous cet effet de foule qui occupe le centre de vos toiles ?

SS : La question n'est pas réfléchie chez moi. Ce qui est certain, c'est qu'il ne s'agit pas d'une démarche d'engagement volontaire pour défendre telle ou telle idée. Je laisse le spectateur interpréter mes tableaux. Je pense que c'est cette pluralité de regards qui enrichit une œuvre à laquelle il m'arrive d'adhérer.

BL : Votre peinture se caractérise aussi par les couleurs vives que vous utilisez sans aucune retenue. Vous mariez à la fois les tonalités chaudes et froides dans une sorte d'équilibre et d'harmonie. L'action du volume, du geste, de la profondeur et de l'équilibre des contrastes, tout cela suppose, néanmoins, une certaine maîtrise. Votre technique n'a rien d'académique. Est-ce qu'on peut dire que votre travail sur les couleurs est instinctif ?

SS : Effectivement, j'utilise beaucoup de couleurs vives et particulièrement le jaune qui est quasi permanent dans mes tableaux. Les couleurs reflètent mes émotions. Leur choix est instinctif. Ce mot convient parfaitement à ma façon de faire. Il est vrai que plus j'avance, plus je peins avec une certaine maitrise et assurance qui s'installent en moi. Ma peinture puise sa source dans mes intuitions, mes impulsions et mon instinct. C'est dans le geste de peindre que j'apprends et je perfectionne ma pratique. Nulle place pour les techniques académiques ni aux règles contraignantes. En ce sens, je peux dire qu'il s'agit d'une sorte d'autoformation.

BL : Une œuvre d'art a toujours besoin d'un regardeur comme « complément de création » pour exister. Quelles attentes avez-vous de votre public et de sa réaction face à vos créations ?

SS : La participation aux expositions m'a toujours permis de rencontrer des personnes de différents horizons et des critiques d'art. Je suis toujours à l'écoute de leurs critiques et de leurs suggestions. Je rencontre des gens qui adhèrent parfaitement à mes œuvres et d'autres qui y sont indifférents ce qui est tout à fait normal. Mes acheteurs je les rencontre parfois dans les expositions, mais surtout par d'autres moyens comme le net, le bouche à oreille ou par relations.

BL : La création féminine a connu depuis les années 90 un réel essor dans tous les domaines et particulièrement dans les Arts. Comment expliquez-vous cet engouement ? Est-ce que vous y voyez par exemple un changement de regard à l'égard des femmes, une libération et une prise en mains de leur propre destin ?

SS : Le nombre d'artistes peintres marocaines ne cesse d'augmenter. Elles s'affirment de plus en plus. Il est certain qu'il y a un changement de regard à l'égard des Femmes, comme d'ailleurs dans tous les domaines. Elles s'investissent dans le social, la vie active où elles prennent les rênes des entreprises. Elles sont aussi très présentes dans la vie politique. Tout cela leur permet de gagner leur indépendance et leur liberté ce qui se reflète dans les domaines de la création.

BL : Que pensez-vous du marché de l'art marocain et notamment la promotion des artistes femmes ?

SS : Le marché de l'Art marocain a connu beaucoup de progrès. Une étude récente a classé les marchés les plus porteurs en plaçant le Maroc en 6eme position. L'image des artistes marocains s'est propagée à travers le monde grâce aux institutions culturelles, mais aussi aux espaces dédiés au marché de l'art : galeries, salles de ventes, foires d'art internationales, ouverture du Musée d'Art Moderne à Rabat, ainsi que l'intérêt porté par certains pays étrangers à l'art plastique marocain comme l'exposition de L'IMA (Institut du Monde Arabe) à Paris.

En ce qui concerne la promotion du travail des femmes artistes peintres, c'est comme pour les artistes hommes. C'est toujours hélas les mêmes qui monopolisent l'espace artistique depuis 50 ans et qui ne veulent pas que les autres soient connus (es).

BL : Quel serait le rôle des artistes, selon vous, dans la société marocaine d'aujourd'hui et de demain?

SS : De façon générale, l'art sous toutes ses formes permet de réfléchir, de critiquer, de partager et ouvrir une multitude d'horizons. Le beau nous émeut. Le rôle des artistes peintres dans la société marocaine est de promouvoir l'image du Maroc en participant à des expositions et rencontres internationales, chose qui se fait à petite échelle pour le moment. Un grand nombre d'associations fait appel aux artistes pour améliorer les conditions de vie d'enfants nécessiteux ou atteints de maladies graves en offrent leur art (tableaux, pièces de théâtres, collectes). La participation à ces causes nobles permet d'aider ces associations en organisant des ateliers par exemple. C'est dans ce cadre que je participe régulièrement avec plaisir à ce type d'actions qui doit se multiplier dans une société qui en a fort besoin.

.

Tnana Khadija

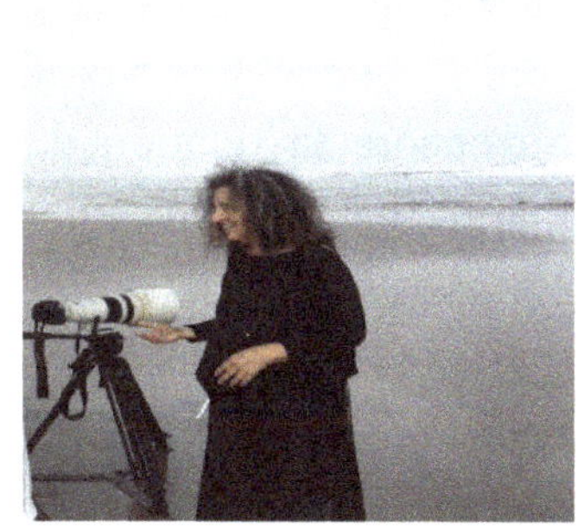

Si la toile est un espace où l'artiste peut venir exprimer ce qu'il porte en lui, pour Khadija Tnana, elle ne peut pas non plus se réduire à l'expression d'un message direct. Engagée pendant plusieurs années au sein d'un parti politique, c'est tout naturellement qu'elle se retrouve facilement dans l'expressionnisme moderne, car c'est l'école, dit-elle, qui s'est préoccupée le plus des questions de la société. Animée par l'envie d'améliorer le quotidien des autres, ses déceptions politiques l'ont inévitablement poussé à se consacrer totalement à sa passion pour l'art. Ses toiles se caractérisent par une énergie sans limites avec la volonté de briser les tabous et d'exprimer ses idées en toute liberté. Ses tableaux reflètent ainsi en toute sincérité son état d'âme. Ils forment l'image fidèle de sa propre personne. C'est ainsi que le corps de la femme s'impose comme un sujet de prédilection dans sa peinture. Il est utilisé comme un moyen qui symbolise toute la souffrance que connaissent les femmes dans la société marocaine où l'atmosphère de malaise et d'incompréhension règne entre les deux sexes. C'est la raison pour laquelle les femmes dans sa peinture ont le corps tordu, angoissé, délaissé, fatigué. Elles deviennent encore plus tourmentées, inquiétantes, quand elles se lient aux corps de l'homme, ils forment un couple en mouvement, ils s'aiment, ils se haïssent et ils se battent. Leurs mouvements passent d'un extrême à l'autre. Ces femmes sont toujours en recherche de reconnaissance pour l'affirmation de leur existence.

Par ailleurs, le corps devient un pilier pour travailler sur différents sujets comme la révolution palestinienne, l'immigration clandestine ou encore la relation de l'homme à la femme dans ses différentes manifestations. Une relation de tension, de ce qui intéresse l'homme chez la femme, de l'amour et de l'union entre deux cœurs ou entre deux corps ce qui est sublime. L'amour est donc la charpente maîtresse qui unit les êtres humains. Ce sont ces préoccupations qui habitent ses toiles et qui essayent de remettre en question certains tabous et l'hypocrisie de la société.

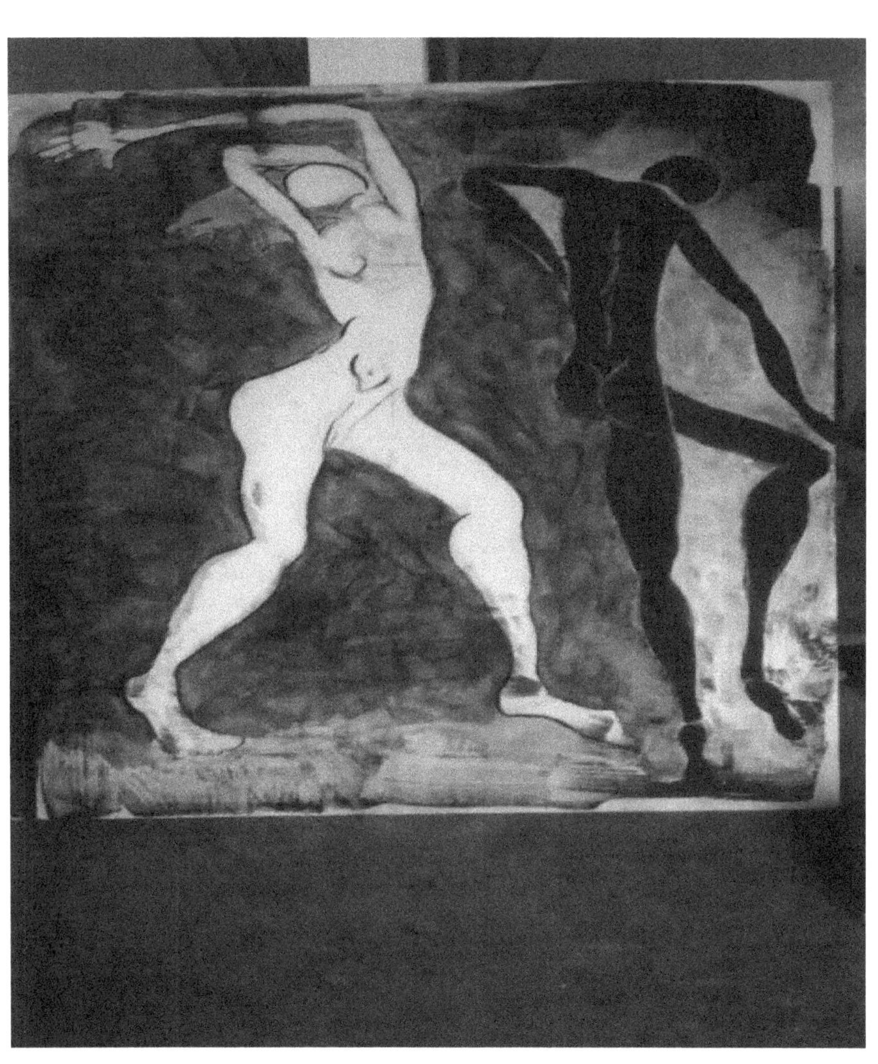

BL : Pour commencer notre échange, j'aimerais revenir avec vous sur votre enfance et votre parcours scolaire. Qui est Khadija Tnana ?

TK : Chaque fois que je prends la plume pour raconter ma vie, je trouve une immense difficulté à le faire. Par où commencer ? Qu'est-ce qui mérite de faire l'objet de l'écriture ? Les différentes étapes de ma vie s'enchevêtrent et le temps qui passe rend les choses encore plus complexes.

Je m'appelle Khadija Bent Mohamed Tnana et de Khadouja Afilal. Je suis native de la ville de Tétouan. Depuis mon enfance, j'étais passionnée par l'art et plus particulièrement le cinéma, le théâtre, la musique et la danse. Je voulais être actrice ou danseuse à l'époque, mais je n'ai pas pu pour des raisons à la fois subjectives et objectives. Sur un plan personnel, je suis née dans une famille « conservatrice ». J'utilise ce dernier mot avec toutes les précautions d'usage, car mon père était un homme libre. C'était l'un des fondateurs du mouvement national au Nord du Maroc. Progressiste, il était au fait des évolutions des choses dans le monde aussi bien sur le plan de la pensée que de la politique. Il était au courant aussi du degré de liberté de la femme européenne. Il savait pertinemment que ce progrès est dû à l'instruction et à l'éducation. C'est la raison pour laquelle il a toujours été très tolérant avec nous (ma sœur et moi) et indulgent quant à nos erreurs sauf quand il s'agit de l'école. Il était convaincu que c'était la seule voie pour sauver le pays de l'ignorance et permettre à la femme en même temps d'acquérir ses droits et échapper aux injustices de la société. Bref, pour lui, c'était l'unique chemin vers le bonheur et la prospérité. Pourtant, c'était très difficile pour lui de me permettre de faire la danse.

Sur un plan purement objectif, le Maroc ne disposait pas encore à l'époque de conservatoires et d'écoles artistiques dignes de ce nom. Il y avait bien sûr l'école des Beaux-Arts de Tétouan, mais qui n'était pas une école supérieure et dont l'accès ne nécessitait pas l'obtention du baccalauréat. Par conséquent, elle était fréquentée par les élèves qui ont échoué dans leur scolarité. Cela ne veut pas dire pour autant que cette école n'a pas pu permettre l'émergence de grands artistes. Ce que je veux dire par-là c'est qu'elle n'était pas à la hauteur des grandes écoles supérieures de formation à l'époque. Ce sont donc ces facteurs extérieurs qui m'ont poussé à me consacrer au combat politique depuis mon jeune âge. Très petite, je voyais mon père lutter contre les espagnols qui occupaient Tétouan pour l'indépendance du Maroc. J'ai donc baigné dans une ambiance de combats auxquels toute la famille participait. Les femmes me portaient sur leurs épaules lors des manifestations et je répétais à mon tour des slogans alors que je n'avais que sept ans. L'engagement est donc devenu pour moi la voie du progrès et de l'élévation vers un meilleur avenir. Seul moyen de faire évoluer les mentalités, combattre les injustices, pour plus de liberté et d'égalité. J'ai donc grandi avec cette conscience.

Pendant une longue période de ma vie, je ne me suis engagée dans aucun parti politique. Pendant mes études au collège Mohamed V, j'étais en internat et je participais activement dans les rangs de l'organisation des étudiants à l'organisation des piquets de grève. J'ai fini par être renvoyée de l'internat pendant un mois. Aussi, à l'université j'ai rejoint l'UNEM et j'étais de toutes les manifestations à Rabat. Puis en 1969, je suis partie à Paris pour poursuivre mes études de droit à Paris I la Sorbonne. Paris était encore sous l'effet des événements de 1968. Cette révolution des étudiants ne concernait pas uniquement Paris, mais toute l'Europe. C'était une révolte contre les conservatismes, les ségrégations raciales et tous les pouvoirs arbitraires. J'étais donc nourrie de ces idéaux et convaincue qu'il était temps de changer le monde. Mes combats politiques étaient ainsi axés sur la lutte contre les discriminations de façon générale et les droits des femmes en particulier. La politique était donc pour moi un moyen et non une finalité. J'étais convaincue aussi que ces combats ne pouvaient être efficaces qu'à partir du moment où on les portait collectivement. C'est ainsi que j'ai rejoint le parti socialiste en 1972.

En 1975 j'ai donc fini mes études et je suis rentrée au Maroc pour enseigner à la faculté de droit de Fès. Les conditions de travail n'étaient pas faciles dans cet établissement jeune qui n'avait pas encore assez de moyens. Néanmoins, j'assurais mes cours tout en continuant le combat politique. Au sein du parti socialiste, la priorité était la lutte contre les privilèges de la bourgeoisie qu'il fallait évincer pour arriver au pouvoir. La question de la femme était reléguée au second plan. Je devais donc mener un double combat à l'intérieur du parti et à l'extérieur pour sensibiliser à cette question qui me paraissait prioritaire. J'étais persuadée que la question de la femme était et reste toujours fondamentale. C'est le véritable thermomètre qui permet de mesurer le degré d'évolution des consciences et les valeurs de toute société.

BL : Votre entrée tardive sur la scène artistique est-elle liée à un besoin de formation académique ou l'apprentissage sur le tas était-il suffisant pour vous ?

TK : J'ai fréquenté l'école des Beaux-Arts pendant un an en tant qu'observateur. C'est là que j'ai appris les techniques de la préparation de la toile, et du dessin. Je m'entrainais pendant plusieurs heures par jour. C'est ce travail assidu qui permet de réaliser de belles choses. La technique seule peut des fois entraver la liberté de l'artiste en le cantonnant dans un académisme traditionnel et par conséquent empêcher toute créativité spontanée. Aussi, cet excès peut rendre difficile de se défaire de l'influence des grands maîtres académiques. Un artiste mûr peut se débarrasser de tout cela. Mon propos n'est pas à comprendre comme un rejet de l'académisme, mais de son immobilisme. Je considère que je suis toujours en train d'apprendre et d'expérimenter sans arrêt.

BL : Pouvez-vous nous parler de votre cheminement et les différentes étapes de votre parcours artistique ?

TK : Le détour par mon parcours politique, est en réalité indissociable de mon expérience artistique qui s'articule autour de trois moments très forts.

D'abord, la période de mon installation à Paris durant les années soixante où j'ai eu l'occasion de fréquenter les milieux artistiques. J'habitais dans un centre d'étudiantes marocaine rue Bonaparte deux immeubles le sépare de l'école des Beaux-Arts pas loin du quartier mythique Saint Germain. Cet espace fréquenté par les grands artistes et intellectuels m'a beaucoup marqué. Il y avait une ambiance extraordinaire et les œuvres des grands maîtres comme Picasso, Matis et bien d'autres encore étaient accrochées un peu partout dans les cafés.

Edgar Degas, l'artiste des danseuses de l'opéra impressionniste tout comme Claude Monet, m'ont aussi influencé au début de ma carrière avant que je subisse l'influence des expressionnistes Allemands. Je peux citer également une quantité d'artistes coloristes comme Gauguin, Matis, Bernard, Ensor...dont j'ai essayé d'approcher les œuvres, mais l'artiste qui m'a touché le plus c'est l'Autrichien Egon Chiele.

Cette vie artistique très riche a influencé ma formation artistique et a éduqué mon regard et ma perception des œuvres artistiques. Cette étape fut donc comme une sorte de réserve culturelle et artistique à travers laquelle j'ai découvert l'Art dont j'étais fascinée. C'est ainsi que j'ai senti le besoin de me lancer dans l'expérience artistique. Depuis ce temps-là, j'ai commencé à peindre même pendant la période de mon engagement politique. C'était pour moi une sorte d'échappatoire chaque fois que je voulais m'extraire à l'agitation politique et retrouver un peu de sérénité.

Ensuite, l'année 1993 fut un tournant dans ma vie, car les conditions étaient enfin réunies pour me permettre de me lancer entièrement dans cette aventure artistique. L'éloignement de la politique fut une nouvelle naissance pour moi. Cette rupture peut s'expliquer par des facteurs personnels mais aussi objectifs.

Á cette époque-là, le Maroc a connu des changements politiques profonds sur le plan politique :

- la marée croissante des islamistes commençait à constituer un danger pour le pouvoir ;
- le roi Hassan II sentant l'approche de la fin de son règne, a convoqué Abderahman el Youssoufi, secrétaire général du parti socialiste, pour une entrevue confidentielle qui va avoir des conséquences désastreuses sur les militants du parti qui considéraient que la transparence était un principe qui ne devait faire l'objet d'aucun compromis ;
- l'abandon de la question de la femme par Abderahman El Youssoufi qui s'est contenté de suivre les préconisations du roi Hassan II ;
- l'acceptation du parti d'entrer au gouvernement sans aucune condition.

Ces nouveaux comportements ne me convenaient plus et étaient en contradiction avec mes convictions politiques. J'ai décidé alors de mettre un terme à mon combat politique et quitter le parti socialiste. Sur un plan personnel, je suis arrivée à la conclusion que désormais ma façon d'envisager la politique à travers mes sentiments était à l'opposé des règles à travers lesquelles s'organisait le combat politique. J'ai senti aussi que quelque chose qui était emprisonné au fond de moi a commencé à se réveiller et à libérer mon amour pour l'art qui était en réalité enfoui par la politique. J'ai ainsi décidé d'écouter cette voix intérieure et me désintéresser de la politique pour me consacrer exclusivement à la création artistique. C'est comme ça que je suis rentrée dans cette nouvelle aventure jusqu'à ce jour.

Enfin, la troisième étape de mon parcours et non des moindres, la résidence artistique d'Ifitry à Essaouira. Outre sa situation géographique au bord de l'océan et loin du tumulte de la ville, elle est surtout un lieu d'inspiration extraordinaire pour les artistes. C'est aussi un lieu d'échanges enrichissants entre les artistes qui viennent de tous les continents. Pour ces différentes raisons cette résidence a joué un rôle important dans mon expérience artistique. Aussi, la rencontre de l'artiste et directeur de cette résidence, monsieur Mostapha Romli, fut très importante. C'est un homme exceptionnel de grande qualité. Outre la pureté de son âme, c'est aussi un professionnel intègre capable de distinguer les œuvres artistiques authentiques des réalisations commerciales superficielles. Sa rencontre a marqué un tournant dans mon parcours, car à ce moment-là, je suis arrivée au point zéro dans mon expérience artistique. Le passage à l'ère contemporaine fut difficile pour moi, car sur un plan matériel et moral, j'étais dans l'impasse. Mes réalisations devenaient répétitives et cela me dérangeait beaucoup. Mon arrivée à Ifitry m'a ouvert d'autres horizons pour travailler avec de nouveaux outils contemporains. C'est ainsi que j'ai tenté de nouvelles expériences comme l'installation, les performances, la céramique, la gravure et la vidéo, etc.

BL : Les œuvres contemporaines des artistes femmes marocaines sont nourries d'une volonté de détachement des règles. Cette remise en question des limites des canons académiques, leur permet tantôt de passer d'une forme à une autre, tantôt d'en explorer plusieurs en même temps. Ce regard libre introduit une certaine distance vis-à-vis de l'espace-temps et de l'environnement socio-culturel et politique. Ce décrochage passe par exemple par l'interrogation du corps. Cette présence du corps est quasi permanente dans votre peinture. Dans quelle mesure et de quelle manière votre peinture intègre-t-elle cette notion de liberté ? Quelle est la place du corps dans vos créations ?

TK : Chaque fois qu'on me demande de parler de mon parcours artistique, je ressens un peu de gêne, car je considère que cela relève du travail des critiques d'art. Aussi, je me retrouve obligée de parler des sentiments ambigus qui m'habitent et dont je suis incapable de parler en réalité. L'investigation du corps par exemple comme support me renvoie à l'enfance puisque il a un poids et une place importante dans notre société. D'un côté, j'étais fascinée par les corps des actrices célèbres de l'époque comme Sofia Loraine et Gina Lollobrigida et bien d'autres. D'un autre côté, j'éprouvais de la répugnance à l'égard de tous ces corps que je voyais au hammam. Les nanties comme les démunies portaient leur corps comme un fardeau à la différence près que les riches étaient déformées par les kilos en plus, tandis que les pauvres ressemblaient à des poivrons grillés. Ces femmes disproportionnées exprimaient pour moi l'injustice, l'inégalité entre les deux sexes.

Par ailleurs, ce choix m'est venu probablement inconsciemment. Le corps est utilisé comme un moyen qui symbolise toute la souffrance que connaissent les femmes (donc c'est mon moi intérieur qui réagit) et l'injustice envers leurs conditions pendant des siècles, notamment dans la société où je me suis trouvée, où l'atmosphère de malaise et d'incompréhension règne entre les deux sexes. C'est pourquoi les femmes dans ma peinture ont le corps tordu, angoissé, délaissé, fatigué. Elles deviennent encore plus tourmentées, inquiétantes, quand elles se lient aux corps de l'homme, ils forment un couple en mouvement, ils s'aiment, ils se haïssent et ils se battent.

Leurs mouvements passent d'un extrême à l'autre. Ces femmes sont toujours en recherche de reconnaissance pour l'affirmation de leur existence.

Aussi, j'ai pris le corps comme pilier pour travailler sur différents sujets comme la révolution palestinienne, l'immigration clandestine ou encore la relation de l'homme à la femme dans ses différentes manifestations. Une relation de tension, de ce qui intéresse l'homme chez la femme, de l'amour et de l'union entre deux cœurs ou entre deux corps ce qui est sublime. L'amour est donc pour moi la charpente maîtresse qui unit les êtres humains. Ce sont ces préoccupations qui habitent mes toiles et qui essayent de remettre en question certains tabous et l'hypocrisie de la société. J'investis ainsi le corps pour mettre en lumière un point noir dans les mentalités arabes. Des mentalités marquées par le principe de dissimulation d'un défaut, de la femme ou de la famille. Cependant, on n'entend jamais quelqu'un dire qu'il faut cacher l'homme. Seule la femme doit être couverte sans se soucier de son intériorité et de ce qu'elle ressent. Cette hypocrisie met le voile sur les sentiments et empêche de parler des violences, du harcèlement sexuel et des viols que subissent les femmes. Tant que tous ces problèmes demeurent cachés, cela ne dérange personne.

BL : L'art pour vous est donc indissociable de son environnement ?

TK : Je ne conçois pas un art pour l'art. En même temps, je ne défends pas l'idée de lier directement l'art à la politique. L'essentiel est que l'artiste soit à l'écoute de sa société et de ses préoccupations. La toile est un espace où l'artiste vient exprimer ce qu'il porte en lui. On ne peut pas lui demander d'exprimer un message direct. Il suffit qu'il manifeste ses ressentis avec force et sincérité.

BL : Cette conception de l'art a-t-elle une influence sur la technique que vous utilisez et le choix de vos couleurs par exemple ?

TK : Je me retrouve facilement dans l'expressionnisme moderne, car c'est l'école qui s'est préoccupé le plus des questions de la société. Quant aux couleurs, j'ai une prédilection pour les nuances du marron et le noir. Je ne m'interdis pas pour autant l'utilisation des autres couleurs pour atténuer un peu le tragique. Néanmoins, le choix de mes couleurs n'est pas dicté par une pensée déterminée. Mes couleurs sortent comme je les ressens au moment où je peins.

BL : Quand vous commencez un travail, comment vous procédez ? Est-ce qu'une idée précède le premier geste, une émotion particulière, une ambiance ? Y a-t-il un temps de gestation avant le travail en atelier ?

TK : Effectivement, il y a souvent une idée ou une réflexion autour de l'œuvre, mais au moment où j'essaie de visualiser ce que je veux exprimer, je rentre dans un monde plein de tensions. La passion anime en moi une énergie sans limites, et le sentiment de jouissance et de plaisir renforce la volonté de briser les tabous et d'exprimer mes idées en toute liberté, chose que je n'ai pas pu réaliser en politique. Mes tableaux reflètent ainsi en toute sincérité mon état d'âme. Ils forment l'image fidèle de ma propre personne ou du moins ce que j'essaie de faire chaque fois que je prends un pinceau.

BL : Une œuvre d'art a toujours besoin d'un regardeur comme « complément de création » pour exister. Quelles attentes avez-vous de votre public, de sa réaction face à vos créations ?

TK : C'est un plaisir énorme de recevoir un regard positif d'un public connaisseur en art. Par contre, notre société n'a pas été éduquée à recevoir l'art plastique, par ce que tout simplement il n'a pas une longue histoire. D'autre part, ma peinture n'est pas souvent au goût du grand public. C'est une peinture de révolte qui ne cesse de casser les tabous. Or, le public cherche en général le côté « joli » ou décoratif.

BL : La création féminine a connu depuis les années 90 un réel essor dans tous les domaines et particulièrement dans les Arts, comment expliquez-vous cet engouement ? Est-ce que vous y voyez par exemple un changement de regard à l'égard des femmes, une libération et une prise en mains de leur propre destin ?

TK : Je crois qu'une toute petite couche de femmes marocaines seulement a bien compris malheureusement qu'elle ne faut pas compter sur les autres pour se libérer.

Remerciements

Si ce livre voit le jour aujourd'hui, c'est grâce à la précieuse collaboration des artistes auxquelles j'exprime ici toute ma gratitude.
Je les remercie d'avoir partagé leur passion avec moi avec d'autant plus de cœur qu'elles surent se laisser convaincre de l'intérêt de ce livre.
Ma reconnaissance va également à Ghita El Khayat qui a accepté de préfacer ce livre et dont j'apprécie profondément l'amitié.

Table des matières

Les Beaux Arts aux éditions L'Harmattan

Dernières parutions

DU LIEU DE CULTE À LA SALLE DE MUSÉE
Muséologie des édifices religieux
Sous la direction de Claire Merleau-Ponty
Les lieux de culte et le patrimoine religieux posent des problèmes muséographiques spécifiques, en particulier lorsqu'un lieu de culte se transforme en musée. Quelle est la place de l'art contemporain dans ce type de lieux ? Comment expose-t-on les objets rituels dans les musées ? Les lieux des grandes religions présentes en France sont étudiés ici : cathédrales, églises, temples, mosquées, synagogues, pagodes.
(Coll. Patrimoines et sociétés, 29.00 euros, 334 p.)
ISBN : 978-2-343-13149-8, ISBN EBOOK : 978-2-14-005284-2

MÉMOIRES ET PATRIMOINES
Des revendications aux conflits
Sous la direction de Céline Barrère, Grégory Busquet, Adriana Diaconu, Muriel Girard, Ioana Iosa
Cet ouvrage propose une réflexion sur les revendications, les contestations et les conflits, qui participent à la fabrication contemporaine du patrimoine. Cette entrée introduit au cœur de la réflexion la compréhension du patrimoine comme construction sociale, liée à un contexte temporel et géographique spécifique, et surtout à une configuration sociale qui le crée. Le patrimoine ne sera pas considéré comme existant *a priori*, mais en tant qu'objet de revendication.
(Coll. Habitat et Sociétés, 38.50 euros, 388 p.)
ISBN : 978-2-343-13331-7, ISBN EBOOK : 978-2-14-005276-7

UNE ÉCOLE DE MANAGEMENT À L'ÉPREUVE DES COURS D'ART
Une jeunesse en quête de sens
Coste Dorina - Préface de Roxana Bobulescu
Cette étude vise principalement à repérer les usages des cours d'art graphique par une école de management, et par les étudiants dans leurs différentes dimensions. Quelles dynamiques sociales et identitaires déclenchent-ils sur les étudiants au sein de l'institution et aussi au sein de l'entreprise ? Cet ouvrage révèle une pédagogie qui se définit par l'éveil d'une conscience critique, menant les jeunes à questionner croyances, pratiques et institutions qui font partie de formes de domination à l'œuvre dans la société.
(Coll. Logiques sociales, 29.00 euros, 276 p.)
ISBN : 978-2-343-08851-8, ISBN EBOOK : 978-2-14-005393-1

IMAGES D'IMAGES
Sous la direction de François Soulages et Bruno Zorzal
Qu'en est-il des usages et des appropriations créatrices des images dans l'art contemporain, donc des images d'images ? Quand le faire prend l'air d'un refaire, nous rapportons-nous de la même

manière aux œuvres, aux procédés de création, ainsi qu'à la photographie et à l'art lui-même ? Cet ouvrage propose d'étudier en quoi les images d'images renouvellent les problématiques concernant à la fois la conception, la diffusion et la réception des œuvres.
(Coll. Eidos Série Photographie, 20.50 euros, 204 p.)
ISBN : 978-2-343-13642-4, ISBN EBOOK : 978-2-14-005308-5

TECHNO ET POLITIQUE
Étude sur le renouveau d'une scène engagée
Descamps Tanguy, Druet Louis
La techno est intimement liée au politique. De sa naissance aux États-Unis à son expansion en Europe, cette musique exprime un besoin d'émancipation sociale et politique. À travers l'étude empirique de la scène parisienne, nous observons qu'une partie d'entre elles se réapproprie les valeurs du genre musical. La techno devient le support d'actions solidaires, locales, une sorte d'utopie concrète qui ambitionne de diffuser ses valeurs dans la société.
(Coll. Logiques sociales, 19.00 euros, 180 p.)
ISBN : 978-2-343-12864-1, ISBN EBOOK : 978-2-14-005347-4

LA CHANSON POLYPHONIQUE FRANÇAISE AU TEMPS DE DEBUSSY, RAVEL ET POULENC
Cafafa Marielle
La chanson polyphonique française pour voix mixtes *a cappella* connaît un nouvel âge d'or durant la première moitié du XXe siècle. Écrites dans un style à la fois moderne et archaïsant, ces chansons, qui peuvent furtivement faire penser aux chansons de la Renaissance, contiennent de multiples références. L'auteur, musicienne, tente ici de déceler les probables sources d'inspiration des compositeurs qu'elle envisage comme des pistes pour penser l'interprétation de l'un des fleurons de la musique française.
(Coll. Univers musical, 38.00 euros, 482 p.)
ISBN : 978-2-343-13603-5, ISBN EBOOK : 978-2-14-005371-9

CINÉMA SÉNÉGALAIS
Sembène Ousmane le précurseur et son legs
Diop Mag Maguette
Cet ouvrage revisite l'histoire du cinéma sénégalais et le legs de Sembène Ousmane. La jeune génération de cinéastes et celle de l'avenir doivent connaître leur histoire, l'histoire du cinéma sénégalais, en garder une mémoire vivante source d'inspiration. Ce livre arrive au moment de la relance d'une industrie cinématographique et audiovisuelle durable au Sénégal depuis 2013.
(Harmattan Sénégal, 25.00 euros, 240 p.)
ISBN : 978-2-343-11581-8, ISBN EBOOK : 978-2-14-005245-3

LE MUSÉE, DEMAIN
Sous la direction d'Emmanuelle Amsellem et Isabelle Limousin
Quel est le devenir du lointain héritier de l'antique *mouseion* d'Alexandrie ? Pour penser l'avenir du musée, des professionnels et des experts se sont réunis. Cet ouvrage constitue une pierre angulaire pour un chantier fondamental, celui d'une refondation institutionnelle. Des approches territoriales, nationales et internationales continuent à dessiner les contours du musée que nous voulons bâtir ensemble pour demain.
(Coll. Patrimoines et sociétés, 26.00 euros, 248 p.)
ISBN : 978-2-343-12951-8, ISBN EBOOK : 978-2-14-005116-6

MÉTAMORPHOSES NUMÉRIQUES
Art, culture et communication
Sous la direction de Pélissier Nicolas, Pélissier Maud
Voici un éclairage original, inspiré par les sciences de l'information et de la communication, sur les transformations actuelles des industries et institutions culturelles, ainsi que des arts vivants, à l'ère du numérique. Les auteurs proposent de repenser les catégories de la création, de la

médiation ou de la réception au travers des perspectives de réinvention et de dépassement offertes par l'environnement numérique.
(Coll. Communication et Civilisation, 29.00 euros, 280 p.)
ISBN : 978-2-343-13261-7, ISBN EBOOK : 978-2-14-005074-9

DE L'ART CINÉTIQUE À L'ART NUMÉRIQUE
Hommage à Frank Popper
Sous la direction de Françoise Py
Frank Popper est l'un des grands théoriciens de l'art contemporain. Il est, sur le plan international, le spécialiste de l'art optique et cinétique, de l'art électronique, informatique et virtuel, et du Net Art. Ce volume auquel ont collaboré nombre de ses amis, artistes, historiens de l'art et esthéticiens, retrace son parcours hors normes, donne un éclairage nouveau sur les grandes expositions historiques qu'il a montées et entre en dialogue avec son travail de chercheur.
(Coll. Eidos série Retina, 27.00 euros, 270 p.)
ISBN : 978-2-343-12203-8, ISBN EBOOK : 978-2-14-005070-1

POÏÈSE / AUTOPOÏÈSE : ARTS ET SYSTÈMES
Sous la direction de Xavier Lambert
Cet ouvrage a pour vocation d'explorer une dimension particulièrement féconde de la relation entre les arts contemporains et les technologies du numérique. La poïèse renvoie à l'idée de fabriquer, et l'autopoïèse à ce qui se fait soi-même. L'hypothèse est que l'utilisation des systèmes autopoïétiques dans le cadre d'une démarche artistique décentre le rapport de l'artiste à l'œuvre dans sa poïèse. L'artiste reste concepteur, mais délègue la poïèse à un dispositif systémique processuel.
(Coll. Ouverture Philosophique, 32.00 euros, 310 p.)
ISBN : 978-2-343-13202-0, ISBN EBOOK : 978-2-14-005045-9

IMAGES SERVILES, IMAGES CRITIQUES
Photographie et corps politiques, 10
Soulages François
Ce livre conclut une série de dix ouvrages publiés sur la problématique Photographie & corps politiques. Il nous interroge sur les représentations photographiques, idéologiques ou artistiques des corps politiques, en questionnant les potentialités des images - servilité, critique ou création. Et ce, à partir d'images policières, psychiatrisantes et artistiques. Les enjeux sont en effet certes politiques et moraux, mais aussi existentiels et esthétiques. Deux artistes - Bernard Koest et Bruno Zorzal - interviennent dans ce livre pour présenter des photographies.
(Coll. Eidos Série Photographie, 17.50 euros, 158 p.)
ISBN : 978-2-343-13257-0, ISBN EBOOK : 978-2-14-004943-9

POÏÉTIQUES DU DESIGN 4
Conception, corps et fiction
Sous la direction de Gwenaëlle Bertrand et Maxime Favard
Au regard des trois précédents volets de «Poïétiques du design», ce quatrième recueil d'articles permet d'aborder la question de la conception au travers d'une relecture du corps et de nos capacités à nous aventurer dans certaines fictions. Les auteurs de cet ouvrage s'attachent à interroger la place du corps et de la fiction dans la conception en architecture et en design, et font état d'un transhumanisme croissant au niveau du corps, de la science, de l'industrie et de l'éthique.
(Coll. Esthétique série Ars, 22.50 euros, 216 p.)
ISBN : 978-2-343-13352-2, ISBN EBOOK : 978-2-14-005104-3

LE CORPS DANSANT
Ouvrage dirigé par Dominique Rebaud
Ces troisièmes Carnets d'Archipel Méditerranées posent la question du Corps Dansant partout où il se trouve : dans les pratiques sociales dansées, dans la création contemporaine, dans la profondeur des temps, l'infini des espaces et des cultures. Ce Corps Dansant souvent oublié, interdit ou inconnu et que chacun possède de manière innée et acquise, est décrypté et analysé

dans ces différents textes ; répondant ainsi à l'appel d'Adel Habbassi pour que le théâtre soit «un lieu de partage de nos intelligences» engendrant des «formes forcément hybrides».
(Coll. Carnets d'Archipel méditerranées, 13.50 euros, 136 p.)
ISBN : 978-2-343-13355-3, ISBN EBOOK : 978-2-14-005117-3

TWIN PEAKS ET SES MONDES
Foubert Jean
Début 1990, la série télévisée de David Lynch, *Twin Peaks*, crée l'événement. Le créateur, novateur et sulfureux, d'*Eraserhead* (1977) et de *Blue Velvet* (1986) révolutionne le concept et l'écriture de feuilleton de télévision. En 2017, Lynch réalise une troisième saison intitulée *Le retour* . Entre-temps, il y aura eu *Twin Peaks : Fire Walk with me* (1992), œuvre de cinéma magistrale, méprisée alors, unanimenent réévaluée aujourd'hui. Par l'exploration de ses dimensions culturelles et esthétiques, cet essai cartographie l'univers et le réseau édifiés par D. Lynch.
(Coll. Champs visuels, 13.00 euros, 106 p.)
ISBN : 978-2-343-13507-6, ISBN EBOOK : 978-2-14-005184-5

ABÉCÉDAIRE DE LA FANTASMAGORIE
Variations
Vimenet Pascal
La fantasmagorie et son aura traversent l'espace historique originel qui voit muter les «phantasmagories» jusqu'aux expériences hybrides actuelles. Ce thème fédère ici 83 nouvelles entrées qui questionnent la propagation internationale de la fantasmagorie et ses manifestations dans le cinéma d'animation sur les plans graphique, technique, littéraire, politique, philosophique, plastique. Elles incluent une vingtaine d'inédits de Pascal Vimenet, de 1985 à 2017.
(Coll. Cinémas d'animations, 36.00 euros, 354 p.)
ISBN : 978-2-343-13318-8, ISBN EBOOK : 978-2-14-004987-3

CONSEILS DU THÉÂTRE DE L'UNITÉ À NE PAS SUIVRE
Lettre à Charlotte
Livchine Jacques, De Lafond Hervée - Préface de Jean-Pierre Marcos
Ce livre est une belle leçon de théâtre pour tous les jeunes artistes, un recueil d'histoires extraordinaires, pour que la création hors les murs puisse se poursuivre et se nourrisse aux sources de leurs imaginaires. Les auteurs, des amoureux fous du Théâtre et particulièrement du Théâtre de rue, nous communiquent la vibration de chaque idée, le parfum de chaque mot, le feu qui les brûle toujours.
(Coll. Citizen Free Art, 16.50 euros, 152 p.)
ISBN : 978-2-343-13130-6, ISBN EBOOK : 978-2-14-005212-5

ENTRE LES CORPS
Les pratiques émersiologiques aujourd'hui (cirques, marionnettes, performance et arts immersifs)
Actes du colloque des 7 et 8 octobre 2016 au Centre national des arts du cirque
Sous la direction de Bernard Andrieu et Cyril Thomas
L'art vivant implique le corps dans la création d'une esthétique intercorporelle : relation directe avec le public, échanges entre les partenaires, émersion de sensations intimes. Par le contact tactile des mains, des corps et des peaux, des informations invisibles sont activées dans les réseaux nerveux, hormonaux et cérébraux. Ainsi, les artistes se reconnaissent par la projection de leur espace corporel qui repose sur une sensibilité empathique, dans une reconnaissance affective et sur une résonance motrice.
(Coll. Mouvements des Savoirs, 24.00 euros, 232 p.)
ISBN : 978-2-343-13132-0, ISBN EBOOK : 978-2-14-005027-5

L'HARMATTAN ITALIA
Via Degli Artisti 15; 10124 Torino
harmattan.italia@gmail.com

L'HARMATTAN HONGRIE
Könyvesbolt ; Kossuth L. u. 14-16
1053 Budapest

L'HARMATTAN KINSHASA
185, avenue Nyangwe
Commune de Lingwala
Kinshasa, R.D. Congo
(00243) 998697603 ou (00243) 999229662

L'HARMATTAN CONGO
67, av. E. P. Lumumba
Bât. – Congo Pharmacie (Bib. Nat.)
BP2874 Brazzaville
harmattan.congo@yahoo.fr

L'HARMATTAN GUINÉE
Almamya Rue KA 028, en face
du restaurant Le Cèdre
OKB agency BP 3470 Conakry
(00224) 657 20 85 08 / 664 28 91 96
harmattanguinee@yahoo.fr

L'HARMATTAN MALI
Rue 73, Porte 536, Niamakoro,
Cité Unicef, Bamako
Tél. 00 (223) 20205724 / +(223) 76378082
poudiougopaul@yahoo.fr
pp.harmattan@gmail.com

L'HARMATTAN CAMEROUN
TSINGA/FECAFOOT
BP 11486 Yaoundé
699198028/675441949
harmattancam@yahoo.com

L'HARMATTAN CÔTE D'IVOIRE
Résidence Karl / cité des arts
Abidjan-Cocody 03 BP 1588 Abidjan 03
(00225) 05 77 87 31
etien_nda@yahoo.fr

L'HARMATTAN BURKINA
Penou Achille Some
Ouagadougou
(+226) 70 26 88 27

L'HARMATTAN SÉNÉGAL
10 VDN en face Mermoz, après le pont de Fann
BP 45034 Dakar Fann
33 825 98 58 / 33 860 9858
senharmattan@gmail.com / senlibraire@gmail.com
www.harmattansenegal.com

www.ingramcontent.com/pod-product-compliance
Lightning Source LLC
LaVergne TN
LVHW081317110826
845149LV00006B/1526

9782343137803